侯門宴

汉画像石祠主研究

汪海波 著

齐鲁书社
·济南·

图书在版编目（CIP）数据

侯门宴 : 汉画像石祠主研究 / 汪海波著 . —— 济南 :
齐鲁书社 , 2024.7
ISBN 978-7-5333-4885-4

Ⅰ . ①侯… Ⅱ . ①汪… Ⅲ . ①画像石 – 研究 – 中国 –
汉代 Ⅳ . ① K879.424

中国国家版本馆 CIP 数据核字 (2024) 第 098228 号

题　　签	赖　非　段玉鹏	
摄　　影	侯新建	
策　　划	刘玉林	
责任编辑	史全超　昝婷婷	
装帧设计	刘羽珂	

侯门宴——汉画像石祠主研究
HOUMENYAN HANHUAXIANGSHI CIZHU YANJIU

汪海波　著

主管单位	山东出版传媒股份有限公司
出版发行	齐鲁书社
社　　址	济南市市中区舜耕路517号
邮　　编	250003
网　　址	www.qlss.com.cn
电子邮箱	qilupress@126.com
营销中心	（0531）82098521　82098519　82098517
印　　刷	山东临沂新华印刷物流集团有限责任公司
开　　本	880mm×1230mm　1/32
印　　张	9.25
插　　页	10
字　　数	180千
版　　次	2024年7月第1版
印　　次	2024年7月第1次印刷
印　　数	1–1500
标准书号	ISBN 978-7-5333-4885-4
定　　价	59.00元

"朱鲔石室" 石屏

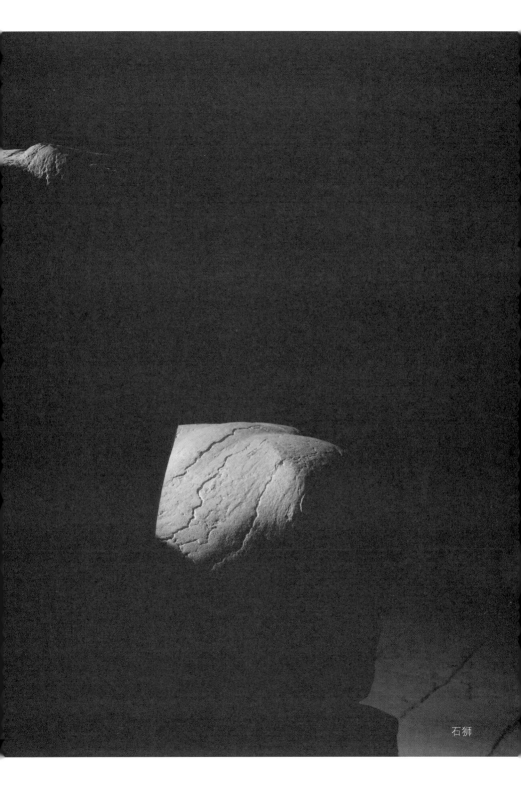

石狮

张骞

升仙图（局部）

宦官燕居图

宦官燕居图（局部）

漆鼎

羽觞

漆砂砚

宴饮乐舞百戏图（原图部分）

宴饮乐舞百戏图（摹本）

侍者（一）

莲花图案

羽人

侍者（二）

几案

侍者（三）

打虎亭汉墓墓室一角

孝堂山祠堂内部一角　　　　　　　　　　董宣

黄屋左纛

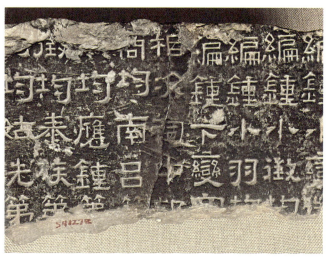

熹平石经（残石）

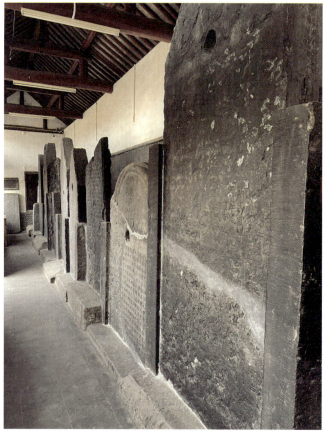

济宁小金石馆

误闯聊斋壁
神游汉画中

——自题

目 录

导 言

一个酷吏和两个宦官的图像史

本书讲述的是三个真实的故事。故事发生在东汉时期，依据的材料是第一手的刻在石头上的"天书"——汉画像石。故事里的主人公有三位，他们是董宣、侯览和张让，一个酷吏和两个宦官。

他们仨，生前对人、对己，可都不是一般的狠。他们所演绎的人生传奇，用冰冷坚硬的铁笔刻画在了石头上，石头也冰冷坚硬，和他们的性格很匹配。但乡绅们不愿提起自己的家乡有这样的古怪人，以及他们骇人听闻的传说，于是三位主人公都被改造和包装成更符合传统价值观的"忠孝"新角色：埋儿养亲的孝子、有功于社稷的大臣和舍身救主的义士。可是，当石头上的尘埃终被雨打风吹去，还是掩盖不住历史的真相。

孝堂山石祠、"朱鲔石室"和打虎亭汉墓，都是著名的汉画像石室，它们以雕刻精湛、内容丰富、保存信息完整的汉代图像史资料享誉海内外，具有重要的历史文献、文学艺术和科学研究价值。原来的主人都在历史的长河中湮没了，留下难解的谜团。本书是针对这三个祠（墓）主人的专题研究，通过对图像与文献的再检讨，试图还原历史、复活祠主。

孝堂山石祠是我国现存最早的地面房屋原址建筑，位于山东省济南市长清区孝里街道的巫山（孝堂山）上，传说是孝子郭巨的祠堂。自宋代赵明诚以来，不断有学者对祠主"郭巨说"提出质疑，但一直没有人提出过更能让人信服的新说。考察发现，画像石上刻有"二千石""相""令"等人物榜题，应该是祠主生前曾经担任过的官职；在东壁上部还可以辨识出"酷吏图"，透露出祠主的身份信息；东壁第五区是一幅原创的"执法图"，反映的是祠主生前亲历的事迹。本书认为孝堂山祠主是东汉初期著名的酷吏——"强项令"董宣。

"朱鲔石室"，原位于山东省济宁市金乡县城西，画像石屏今藏山东博物馆。自北魏郦道元以来，石室即被误认为是汉扶沟侯朱鲔的祠堂。本书认为，"朱鲔石室"是桓灵之际中常侍侯览的预作寿藏。侯览是东汉末年"宦官专权"的代表性人物，是制造"党锢之狱"的罪魁祸首。侯览的时代，见证了佛教的兴起和东汉的衰亡等重大历史事件，在石室画像中还能找到一些蛛丝马迹。画像呈现出一派不同凡响的绘画风格，是汉画像艺术达到鼎盛时期的"非主流"作品。长期以来，人们对"朱鲔石室"画像的艺术价值认识不足，它在中国美术史上的地位不容忽视。

打虎亭汉画像石墓，位于河南省郑州市新密市境内，传说是东汉初年救驾有功的"常十"的墓冢。墓道内曾发现大量残坏的画像石、仿瓦垄石和斗拱石，说明墓前原来有石祠堂，祠堂被毁后部分填埋进墓道。有学者认为墓主人是《水经注》上记载的弘农太守张伯雅，但打虎亭汉墓墓冢所处的地理方位和外观特征，与记载中的张伯雅墓冢多有不合。研究认为，一号墓室内的六幅"贿赂图"，形象地反映了东汉末年政治腐败、贿赂盛行的丑恶社会现实，墓冢是曾与侯览同朝、时间稍晚的"十常侍"之首张让的预作寿藏。张让畏罪自杀后最终没有埋进自己的墓茔，故打虎亭汉墓实为空冢。墓室里的人物画像风格最接近侯览祠堂画像，当同为宫廷画工参与创作绘画并雕刻的作品。

酷吏和宦官，本来是水火不容的两类人，董宣与侯览、张让相差了100多年，他们生前没有交集，却在1800多年后在这本书中不期而遇了。当残酷面对残暴，一定会打得头破血流、惨不忍睹，张俭、阳球与侯览、王甫的斗争便是血腥残忍的证明。东汉的政治舞台上，始终上演着儒士、官僚与宦官、外戚纠缠不清的政治斗争的历史剧，你方唱罢我登场，丝毫不给对手留下喘息的机会。

宦官与外戚联姻，以加强自身地位的稳定性和阵营堡垒的坚固性，进而实现权力扩张的野心和打击异己的目的。当宦官与外戚结成庞大的利益共同体，牵一发而动全身，官僚体系失效，百姓对国家失去信心，帝国最终走向崩溃。宦官和外戚的危害性不仅是东汉的毒瘤，也是历代王朝挥之不去的噩梦。

宦官集团内部的斗争也是错综复杂和你死我活的。侯览的夺印自杀，曹节、王甫、张让、段珪等都脱不了干系，他们之间的斗法故事不仅被写进简帛和纸质史书的字里行间，而且清晰地刻画在石头上，用图像的形式生动地记录下历史发生的第一现场，我们仿佛都是目击者。

让我们一起走进汉画像，透过一个酷吏和两个宦官的故事，探索大汉气魄深沉雄大的石刻艺术世界吧！

第一章

执法图：孝堂山祠主董宣说

孝堂山石祠位于济南市长清区孝里街道的巫山上，传说是汉代孝子郭巨的祠堂，故山又名"孝堂山"。自宋代赵明诚以来，不断有学者对祠主"郭巨说"提出质疑，近代以来学术界一致持否定的态度。但祠主究竟是谁，一直没有令人信服的结论。[①]

石祠坐北朝南，单檐悬山顶房屋建筑，平面呈长方形。东西宽约4.1米、南北进深约2.5米，高约2.6米。内部画像内容繁复，人物众多，读

[①] 关于孝堂山祠主，李发林考订为西汉济北王刘胡，参见李发林《山东汉画像石研究》，齐鲁书社 1982 年版；夏超雄考订为东汉济北王刘寿，参见夏超雄《孝堂山石祠画像、年代及主人试探》，载《文物》1984 年第 8 期；信立祥和蒋英炬等提出，祠主是一位死于东汉早中期之交的"二千石"高级官吏，参见信立祥《汉代画像石综合研究》，文物出版社 2000 年版，第 80 页。

图乍看无从入手，画像实有主次之分。按照建筑物结构可分成三大主要的板块：北壁（后壁）和东、西两壁。除此之外，隔梁石和楹柱等建筑构件上的画像，属于读图的次要部分。本书重点解读东壁第五区（层）的画像故事，试图解开祠主的身份之谜，还原历史真相。

图 1-1 孝堂山北壁画像摹本

1. 反映董宣生平事迹的画像

石祠后壁的"楼阁拜谒图"，一般多认为是表现祠堂祭祀的主人，巫鸿则认为是君主。与常见的石祠中只有一幅"楼阁拜谒图"不同，此处有三座楼阁、三位受祭拜者。这种情况不见于其他汉画像石上。（图1-1）

"楼阁拜谒图"最下层的一列"车马出行图"，车队中央偏左的位置上有一辆辌车，车上乘坐着一位官吏，车后有榜题

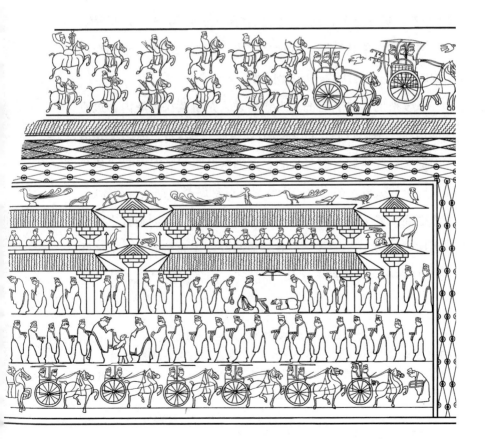

"二千石"。从舆服和官吏所处的位置上判断，此画像所反映的应该是享受二千石官俸的祠主本人。[①]（图1-2、图1-3）

石祠后壁的最上层接近屋顶处，是并行的两列车马出行队伍。左侧有一乘豪华的驷马安车，榜题"大王车"，故通常释读为"大王车马出行图"，反映的是祠主生前侍奉过的诸侯王。（图1-4、图1-5）

后壁上的"大王车马出行图"，只是一幅汉画像长卷的中间部分，它的头和尾一直延伸到东、西两壁的第二区全部，总长度近9米，贯穿整个石祠。出行仪仗队伍里有100多人，车8辆，马、骆驼和大象共78匹，规模之宏大、用度之奢华，在迄今已发现的"车马出行图"中绝无仅有！

一般来说，文字题记和人物榜题，是解读汉画像内容最直接的信息。但画像石上的人物出现相关"榜题"，原因又是多方面的。有些榜题看似多余的，例如东壁第三区偏左侧"周公辅成王"的故事，在当时是极常见的画像题材，即使没有榜题，观者也能明确无误地辨识出"成王"（图1-6），刻画者之所以特别加刻"成王"二字，大概是强调"这不是野心家王莽的故事"；还有楼阁拜谒图下层的"孔子"，同样强调"这不是'礼

---

① 蒋英炬、杨爱国等提出"孝堂山石祠主人最有可能是当过太守并出任过诸侯王相、傅一类的二千石官吏"。参见山东省石刻艺术博物馆、山东省文物考古研究所编，蒋英炬、杨爱国、信立祥、吴文祺著《孝堂山石祠》，文物出版社2017年版，第83页。

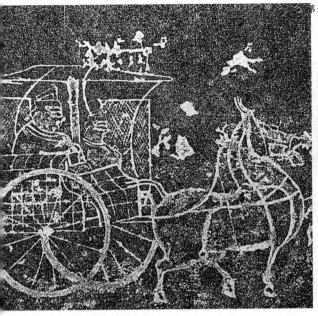

图 1-2 二千石

图 1-3 榜题——二千石

图 1-4 大王车

图 1-5 榜题——大王车

图 1-6
周公辅成王

贤下士'的伪君子王莽";有的"西王母"画像也加上了榜题,声明这是西方女神,不是王政君——留下的是"时代烙印",是东汉早期这一特殊历史时期的信息。

再读石祠画像上的"大王车":车盖以"玉路"为饰,"鸾雀立衡""羽盖华蚤"[1],看似天子御用的车舆（或天子赏赐给诸侯王的）。榜题应该是在石祠完工、验收的官员审查后,认为绘画内容没有经过皇帝的批准,车舆规格过高,才补刻上"大王车"三字,强调"这不是天子出行的仪仗队伍"。这里的"大王出行"并不确指某一个历史事件,"大王"也不具体到某一国、某一代的某一位王,这是一种抽象的历史叙事,只是为了说明:

---

① 〔南朝宋〕范晔:《后汉书》志二十九,中华书局 1965 年版,第 3644 页。

祠主侍奉过诸侯国王，甚或是天子。（图1-7、图1-8）

图 1-7 击鼓图

这幅贯穿全堂三大主体板块的"大王车马出行图"长卷，是整个祠堂画像的重要故事内容，铺垫这样一个宏大的"历史"场面，祠主信息或在其中。按从左（西）向右（东）行进的方向读图，不难看出，重点在结尾处，东壁的右侧有上、下并列的两位官员，迎接大王浩浩荡荡的车马队伍，分别榜题"相"和"令"，他（们）面向出行队伍，

图 1-8 吹鼓车

站位明显与众不同，这两个人实为同一个人，即祠主。一人分身为二，一是为了突出、强调重要人物，二是方便表述祠主在不同时期担任过的重要官职（也是后壁上"二千石"榜题的人），目的是炫耀祠主一生最辉煌、最精彩的历史片段。同时透露出祠主的身份，他曾经担任过国相、太守和县令等级别的职务。

图1-9 榜题——相

图1-10 榜题——令

（图1-9、图1-10）

这种"分身"的艺术处理，表现祠主不同时期的身份转换，在嘉祥武氏祠画像中也有例证。武氏祠前石室隔梁石东面的画像（原石编号"前石室八"）第三层车骑出行图上，有"君为市掾时"和"君为郎中时"等多处祠主榜题。①榜题表明，"这幅出行图不是为了表现出行的场面，而是为了说明'君'曾经做过市掾和郎中这样的官吏"②。

在武梁祠的画像石上，祠主出现的位置也在画像的结尾处，位于东壁左下角的最后一个场景。最早提出这一猜想的是法国汉学家沙畹，他首先注意到这个特殊的画面：一辆牛车拉着一人，榜题"处士"，他的出现是整个祠堂画像故事里最后的高潮。

---

① 蒋英炬、吴文祺：《汉代武氏墓群石刻研究》（修订本），人民美术出版社2014年版，第97页。

② 杨爱国：《幽明两界：纪年汉代画像石研究》，陕西人民美术出版社2006年版，第190页。

图 1-11　武梁祠东壁下部

对面马车（公车）上下来一人，榜题"县功曹"，向处士跪献礼物（丝绸），功曹或受皇帝的诏命，在市井中访求隐逸的道德君子出山做官。这位受人尊敬的处士正是祠主武梁本人。[①]这种表现祠主的手法与孝堂山祠主的处理有异曲同工之妙。（图1-11）

　　汉画像石是一种墓葬艺术表现形式，一般展现的是石匠的技艺，由于石匠自身在审美水平、创作能力等方面的欠缺，他们都有一套"粉本"。最初的"粉本"不是在坚硬的石头上雕刻的作品，更像是殿堂上的丹青壁画，和屏风、器物上精美的漆画，先用缣帛纸绘制画稿，或是由当时的文人士大夫直接参与设计的。巫鸿举证说：

　　　　刘向制作了列女义士传记的插图；张衡（公元78—139）在宫殿上绘制了神怪壁画；蔡邕（公元132—192）曾画《小

　　①（法）沙畹著，袁俊生译：《华北考古记》第2卷，中国画报出版社2020年版，第279页。

列女》、孔子和弟子像，以及一幅名为《讲学图》的画；刘
褒在公元147—167年间画了表现《诗经》的《北风图》和
《云汉图》；生活于公元2世纪后半期的赵岐设计了自己墓葬
的壁画。①

　　因此，民间石匠刻画的墓祠画像，通常都是以比较固定的
格式反复套用。孝堂山石祠画像铺天盖地、满室充盈，让人眼
花缭乱，但"祠堂毕竟是祠堂，而不是美术展览馆，祠堂要求
画像内容的相对稳定性，以便构成祠堂的内涵"②，是故详加分析
归类并不复杂。如伏羲和女娲、西王母和东王公（或宗布羿）、
孔子和周公、庖厨宴享、狩猎乐舞、胡汉战争等，在汉画像石
中司空见惯且形式雷同，大多是格套，主要是画像题材有"相
对的稳定性"的缘故。除此之外的"原创性"的画像，才可能
透露与祠主有密切相关联的历史信息。汉画像石中原创性的故
事并不多见。如前所述，这与祠堂的功能和石匠的个人素养有
关。（图1-12）

　　但我们仍然从中发现数幅具有原创性特点的故事，如石祠
东壁第五区，不见于其他画像石，是一幅独立原创的绘画作品，

---

　　①（美）巫鸿著，柳扬、岑河译：《武梁祠——中国古代画像艺术的思想性》，
生活·读书·新知三联书店2015年版，第230页。

　　②尹吉男：《知识生成的图像史》，生活·读书·新知三联书店2022年版，
第179页。

图 1-12　孝堂山石祠东壁

值得重视。

东壁第五区也似一幅"车马出行图"。画面上共有23个人物，从左到右，以轺车和辖车为中心，可分成两部分读图。（图1–13）

第一部分16人：左侧二人向前方（右）行进，二人双足张弩、二人取箭准备上弓；前有一人乘轺车，头戴进贤冠，回头招手似呼唤；轺车后跪一人，抓住车轮，回头向弓弩手指认；

车前一人着短襦袴（其他人都穿袍服），左手抓马缰，右手举刀向马；车前又有七人，二人行进，二人骑马牵犬，二人躬揖，一人跪禀貌。这一部分的中心人物是坐在轺车上回首的人。

第二部分7人：一辖车向左，停于当道。车后有一头戴通天冠的高级官员，身佩印绶，手执纨扇。（图1–14）通天冠在汉代是规格最高的

图 1–14 董宣

图 1-13 执法图

冠冕，不能随便戴，如同"尚方宝剑"为皇帝所赐。他面向左边、侧身而立，似观望前方轺车突然发生的事故；车前一戴平上帻的武官，佩组绶，牵马面右（图1-15）；二佩绶者身后各有两名随从官员（陪衬人）；车上一御者。这部分人物的中心是戴通天冠、持纨扇、佩印绶的高级官员，其次是佩组绶、牵马的武官。

图 1-15 水丘岑

不难看出，这是一幅扣人心弦的"现场执法图"。画像所反映的内容，与《后汉书·酷吏列传》上记载的"强项令"董宣捉拿湖阳公主家苍头（家奴）的故事情节基本相符。

董宣，字少平，陈留郡圉县（今河南杞县一带）人，本传见载《后汉书·酷吏列传》。传记没有记载董宣在西汉和王莽时代的从官经历和事迹，记载他的主要活动都是在东汉初期的建武年间。董宣先后出任过北海国相、怀县令、江夏太守和洛阳令，所到之处，打击豪强、清剿盗贼，维护地方治安，铁面无私，是历史上著名的酷吏。《董宣传》：

> 后特征为洛阳令。时湖阳公主苍头白日杀人，因匿主家，吏不能得。及主出行，而以奴骖乘，宣于夏门亭候之，乃驻车叩马，以刀画地，大言数主之失，叱奴下车，因格杀之。①

董宣任洛阳令期间，发生了光武帝的姐姐湖阳公主家苍头（或作"仓头"）杀人的案件。苍头藏匿在公主家，官府也无可奈何。终于等到一天，湖阳公主出游，苍头随乘。董宣在夏门亭等候，马车经过时，董宣"驻车叩马"，"以刀画地"，大声指责公主的过错，叱令苍头下车，就地正法。

再读画像故事：董宣探得湖阳公主即将出城狩猎，杀人的苍头就在随行的队伍中，马上率府吏、弓弩手和狱吏、狱卒等，在公主车队必经的路上埋伏等候。故吏水丘岑时任司隶校尉，他闻讯赶来想劝阻董宣的行动，董宣不听。这时，公主的车队

---

① 〔南朝宋〕范晔：《后汉书》卷七十七《酷吏列传》之"董宣传"，中华书局 1965 年版，第 2489—2490 页。本书引文摘自《董宣传》者，后不加注明。

来了。一狱卒（也可能是"苦主"）看准苍头的辎车，冲上前去抓住了马缰，马受惊吓，昂首而啸；狱吏飞快地扑地，紧紧抓住车轮，逼停了辎车，向后边的弓弩手指认车上的人就是嫌犯；狱卒举刀呵斥苍头下车，苍头急向车队后边的公主呼救，四名弓弩手早已阻断了行进中的队伍，事发突然，家奴都不敢妄动；走在最前边的家臣发现了对面洛阳令的轺车，马上明白了是怎么回事，跪求董宣（看在公主的面子上）放过苍头的辎车；董宣不为所动，手摇纨扇，凝神观望着对面的执法行动……（图1-16）

图 1-16 辎车上的苍头

《董宣传》的记载与画像故事有三点出入：一是记载公主出行是以苍头"骖乘"，乘坐在同一辆车上，画像上则是苍头独自驾乘一辆轺车，走在车队的前头，看到突然出现的六名执法者，惊慌失措；二是记载中的董宣亲自"驻车叩马""以刀画地"，画像上的董宣则是在远处观望，并没有亲自动手——他担当着维护京师安全的重大使命，头上戴着皇帝亲赐的通天冠，仿佛带着"尚方宝剑"，他手执纨扇，看似气定神闲地袖手旁观，却掩饰不住内心的紧张不安，担心公主出面干预而误伤公主；三是画像中出现了一位身佩印绶、牵住董宣车马的武官，传记上没有提到，此人不戴武冠，只着普通士卒的平上帻以示谦卑，他应该是董宣从前的书佐、现在的上司——司隶校尉水丘岑。相比之下，画像所描绘的故事情节，要比史书记载的更加传神生动，也更加合乎情理。

2. 董宣的仕宦生涯与酷吏性格

汉文帝时期，已经废除了残酷的肉刑，代之以"髡钳"和"鬼薪"等较为"人性化"的体罚。东汉初期，社会动荡不安，朝中大臣不时讨论重启酷刑，以震慑犯罪。光武帝仁厚，不许。实际上却是，酷吏滥用大刑，往往无所不用其极，故肉刑从未被彻底禁绝。光武帝需要董宣这种只效忠于皇帝的酷吏能臣，对付用正常法律手段难以解决的棘手问题。特别是外戚、宦官和地方豪强，始终是东汉时期最让皇帝头痛的特殊社会群体。

祠堂东壁第一区（三角部位）的右侧，刻画有11人，正是一组完整的"酷吏行刑图（五残星图）"（图1-17、图1-18）：

画像上有两名酷吏，持刀威吓审讯三名衣冠士人，他们都是"疑犯"；下右，两名罪人戴手铐、捂右膝，表情凄苦，准备接受"右趾"①（刖一足，死罪减一等）的酷刑，二狱卒一手挽袖、一手执欧刀相向；下左，两名戴桎梏的罪人，恐惧地侧脸观看行刑全过程，等候接下来的罪罚。（图1-19）

这组画像透露的是祠主

图 1-17　酷吏行刑图

图 1-18　孝堂山石祠东壁部分拓本

---

① 〔南宋〕徐天麟：《东汉会要》卷三十五，上海古籍出版社2006年版，第510页。

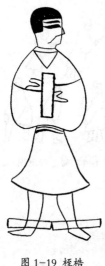

图 1-19 柽梧

的"职业身份"信息。巫鸿提到前人对武氏祠几个祠主的基本判断①，这里可以借鉴。

董宣杀了湖阳公主的家奴之后，即发生了"强项令"的故事。《董宣传》：

> 主即还宫诉帝，帝大怒，召宣，欲箠杀之。宣叩头曰："愿乞一言而死。"帝曰："欲何言？"宣曰："陛下圣德中兴，而纵奴杀良人，将何以理天下乎？臣不须箠，请得自杀。"即以头击楹，流血被面。帝令小黄门持之，使宣叩头谢主，宣不从，强使顿之，宣两手据地，终不肯俯。主曰："文叔为白衣时，藏亡匿死，吏不敢至门。今为天子，威不能行一令乎？"帝笑曰："天子不与白衣同。"因敕强项令出。赐钱三十万，宣悉以班诸吏。由是搏击豪强，莫不震栗。京师号为"卧虎"。歌之曰："枹鼓不鸣董少平。"

① 巫鸿提到"日本学者大村西崖曾比较武荣祠上所列的武荣的官职和前石室车马出行画像榜题中所涉及的官吏，发现其中主车表现的是督邮，旁有榜题'为督邮时'。据武荣碑铭，武荣曾任这个职务"等。参见（美）巫鸿著，柳扬、岑河译《武梁祠——中国古代画像艺术的思想性》，生活·读书·新知三联书店 2015 年版，第 34 页。

公主气恼，还宫向皇帝哭诉。光武帝大怒，召董宣问罪，欲用竹鞭打杀之。董宣分辩道："皇上圣德中兴，而公主放纵家奴杀害无辜，如果放任不管，皇上将何以治理天下？臣不劳鞭杀，请得自杀。"即以头撞向大殿楹柱，血流满面。光武帝令小黄门抓住他，让他给公主叩头赔罪了事，董宣坚决不从。小黄门强按住董宣的头顿地，他以手撑地，终不肯俯下脖子。光武帝看出他是个硬骨头，碍于公主的面子，只好半开玩笑地说："让'强项令'下去吧！"事后赏钱三十万，董宣把钱全数分给手下诸吏。此后打击豪强，震慑犯罪，京师豪族都私下称他"卧虎"，避之唯恐不及。百姓也都知道了"强项令"的故事。洛阳治安为之一新，衙门清静，再也听不到有人击鼓喊冤了。

研究发现，董宣时年已73岁，是在洛阳令任上的第四年，他已经对影响京师治安的根弊有了深刻的认识，即权贵之家才是破坏社会秩序的最大毒瘤，而不是平民百姓。他一直在下决心彻底整肃社会风气，从而得到了皇帝的首肯和授权，是故敢于拿公主的家奴杀人的事件做文章，直接触碰到皇亲利益。董宣撞柱自杀的举动不是装装样子的，他以死明志，是酷吏性格最直白的表达：对人对己都残酷。通过这一案件的处理，取得明显的社会效果。

董宣出任洛阳令之前，至少还有过三次在地方为官的经历。《董宣传》：

　　　　初为司徒侯霸所辟，举高第，累迁北海相。

　　董宣最初是受到司徒侯霸的赏识和举荐，从幕僚小吏做起，逐步升迁到北海相——这就是在画像上榜题为"相"的官员。

　　按《后汉书·郡国志》之"北海国"条："景帝置。建武十三年（有）菑川、高密、胶东三国，以其县属。"①严耕望考证董宣在北海郡（国）的任职时间，是在"建武十年前后"②，而建武二十八年（52）始置北海国，故他认同《说郛》卷五十八《陈留耆旧传》所记载的"董宣为北海郡太守"之说。今观画像石上"相"的榜题，为范晔《后汉书·酷吏列传》上的记载提供了佐证。这是用图像证史的一个重要案例。

　　侯霸在成帝时即"以族父为太子舍人"③，王莽时期做过随县（属南阳郡）县宰（县令）、执法刺奸（刺史）和淮平大尹（太守）。史载，侯霸任随县令时，"县界旷远，滨带江湖，而亡命者多为寇盗。霸到，即案诛豪猾，分捕山贼，县中清静"④。建武四年（28），光武帝拜侯霸为尚书令，次年升任大司徒，封关内侯，建武十三年（37）薨。侯霸一生明察守正、奉公执法，"纠

────────

① 〔南朝宋〕范晔：《后汉书》志二十二，中华书局1965年版，第3473页。

② 严耕望：《两汉太守刺史表》，北京联合出版公司2020年版，第183页。

③ 〔宋〕徐天麟：《西汉会要》卷四十五，上海古籍出版社2006年版，第525页。

④ 〔南朝宋〕范晔：《后汉书》卷二十六，中华书局1965年版，第901页。

案势位者，无所疑惮"。董宣是他的门生，颇得真传，二人行事多有相似之处。《董宣传》：

> 到官，以大姓公孙丹为五官掾。丹新造居宅，而卜工以为当有死者，丹乃令其子杀道行人，置尸舍内，以塞其咎。宣知，即收丹父子杀之。丹宗族亲党三十余人，操兵诣府，称冤叫号。宣以丹前附王莽，虑交通海贼，乃悉收系剧狱，使门下书佐水丘岑尽杀之。青州以其多滥，奏宣考岑，宣坐征诣廷尉。

董宣到任北海，任用当地的豪族公孙丹为五官掾。公孙丹父子因杀害无辜路人，董宣处死了他们。公孙宗族、亲党三十余人操兵喊冤，董宣认为公孙丹以前投靠过王莽，顾虑他的党羽众多，再次勾结海贼造反，指使门下书佐水丘岑，索性将他们全数捉拿并杀死。

我们发现，在西壁第四区左侧，又有一幅"楼阁拜谒图"，它在西壁上出现十分突兀。阁楼里坐着的官吏应该是祠主，他面向右侧接受拜谒。阁楼的外面有三个缚手下跪、绳索相连的人，下部一人执欧刀，面前的长方形木架两侧插二把斧钺，中间悬挂两颗人头。这种图像一般理解是胡汉战争献俘的场面，但出现在这里可能是被借用，是表现祠主董宣做北海相时，抓捕公孙宗族亲党和水丘岑动手行刑的情景。

青州刺史以其滥杀，奏请治罪。《董宣传》：

在狱，晨夜讽诵，无忧色。及当出刑，官属具馔送之，宣乃厉声曰："董宣生平未曾食人之食，况死乎！"升车而去。时同刑九人，次应及宣，光武驰使驺骑特原宣刑，且令还狱。遣使者诘宣多杀无辜，宣具以状对，言水丘岑受臣旨意，罪不由之，愿杀臣活岑。使者以闻，有诏左转宣怀令，令青州勿案岑罪。岑官至司隶校尉。

在青州大狱，董宣毫无惧色，视死如归。光武帝赦免了董宣的死罪，派使者重新审讯。董宣据实以对，并说水丘岑受己之命，罪不由他，愿"杀臣活岑"。光武帝诏命董宣转任怀县令，并让青州刺史不要再追究水丘岑的罪过。其时侯霸在朝，能为门生说情，海贼吕母为乱的前车之鉴还历历在目，光武帝通过这一事件，也认识到酷吏在天下平定后存在的必要性，故给董宣留下一条"活路"，并重用他培养起来的新一代"酷吏"水丘岑。

水丘岑后来做到司隶校尉（比二千石）。司隶校尉部治在洛阳，负责监察京畿治安兼纠察州郡司法，他们一般都是"酷吏"。严耕望考定水丘岑担任司隶校尉约在光武末（建武二十三年至二十七年间）[1]，与董宣在洛阳令上的任期（建武十九年至二十四年间）约重合两年。其时水丘岑反成了董宣的上司，正合

---

① 严耕望：《两汉太守刺史表》，北京联合出版公司 2020 年版，第 296 页。

画像上的佩组绶、牵马武官的形象。

陕西榆林汉画像石博物馆收藏的一枚"酷吏行刑图"[①]上，下部一人戴通天冠，饰金博山，腰佩组绶，右手执旌节，左手持长斧，踌躇满志；上部一人跪戴桎梏，一人斩断腿倒地，一人闭目躺地，正是司隶校尉行刑的情景。（图1-20）

怀县是河内郡的郡治，隶属司隶校尉部管辖。董宣从二千石的北海相，降为六百石的县令，他有理由在怀县安家定居，以备退休养老。史书没有记载董宣在怀县令任上有何作为。

江夏郡有剧贼骚乱，郡都尉外戚阴某请求皇帝派遣

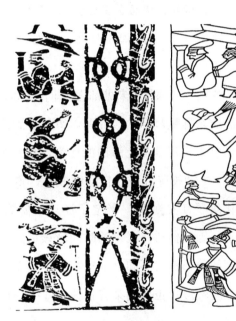

图 1-20　酷吏行刑

能吏治乱。光武帝想起董宣，任命董宣为江夏太守——这就是

---

① 朱青生等主编：《汉画总录9》，广西师范大学出版社2012年版，第226—227页。

后壁下部出行图上榜题"二千石"的官吏。

《董宣传》：

> 后江夏有剧贼夏喜等寇乱郡境，以宣为江夏太守。到界，移书曰："朝廷以太守能禽奸贼，故辱斯任。今勒兵界首，檄到，幸思自安之宜。"喜等闻，惧，即时降散。外戚阴氏为郡都尉，宣轻慢之，坐免。

董宣一入郡界（未见都尉）即传公告："朝廷以董某为太守，因能擒杀奸贼。今勒兵界首，诸位看到公告，好自为之！"贼众早已听说董宣在北海国的作为，看到公告即向董宣（而不是都尉）主动投降，贼众自动解散了，董宣兵不血刃就轻而易举地化解了江夏贼乱。平定了江夏治安隐患，他的使命也就完成了，因此他待在江夏的时间应该很短，前后不过一年。本传提到他与郡都尉不和，他实在看不起无能的外戚郡都尉，对阴某态度轻慢，也许阴某害怕他，才上书诋毁，董宣因此再次被免职。

董宣在北海相位上免职后还有"后台"侯霸替他撑腰讲情，然而此时侯霸已经辞世，董宣的仕宦生涯也算到此终结了。但不久，董宣又被光武帝想起，出任为洛阳令——这就是画像上榜题为"令"的官吏。

董宣官运多舛，一波三折。先后在北海相和江夏太守任上做过二千石的高官，此次出任洛阳令，虽说是京官，实与怀县令一样，还是属于降级使用。与上次贬官不同的是，这次是重用，待遇好一些，年俸秩为一千石。

董宣任洛阳令五年，74岁时卒于官。董宣在这最后五年的任期里，中间没有再被免官，且得以善终。个中原因，除了皇帝的信任支持，还有像水丘岑这样新兴的门生故吏，或明或暗的帮助和保护。

史书没有提及董宣家族的历史，但从石祠西壁第三区的图像上看，他好似追溯自己的祖先是董仲舒。图左，一人在检查、品鉴"方诸（鉴燧）"里的甘露，中偏左有一位佩绶的官员手持阳燧。（图1-21）这是董仲舒"天人感应"说的一套仪式：巫祝"取水火"制祭祈雨；右侧有五位佩绶的官员，均呈正面，有胡须，他们应该是"五经博士"。董仲舒向汉武帝主张设置五经博士，从而成为官学

图1-21 官员手执阳燧

的权威，是尊崇儒术、为天下取仕的重要法则，对后世的政治和学术产生了深远的影响。（图1-22）

图 1-22　五经博士

董宣个人的生平记载不详，我们只能根据他"年七十四，卒于官"来推定。董宣卒年当在建武二十四年（48年，本年虞延迁任洛阳令[①]），则建武十九年（43）他69岁时，始任洛阳令（与《资治通鉴》记载相同[②]）；之前任北海相、怀县令、江夏太守和入狱、下野赋闲等，时间总共不超过十年；他初仕北海相在建武十年（34）前后，时年已60岁；他在60岁之前的生活经历尚不清楚。如此推知，董宣生于汉成帝河平三年（前26）前后，仅比侯霸小六七岁。（详见"附表：董宣生平事迹"）

---

①〔南朝宋〕范晔：《后汉书》卷三十三，中华书局1965年版，第1152页。

②〔北宋〕司马光《资治通鉴》卷四十三"建武十九年"条："陈留董宣为洛阳令。"中华书局1956年版，第1396页。

董宣与董仲舒寿命差不多长，都在七十四五岁，时间晚了150多年，董宣大约相当于董仲舒五服上的玄孙。《汉书·董仲舒传》记其"子及孙皆以学至大官"[①]，董氏传家的经学在《董宣传》中却没有提及。

董宣死后，光武帝诏遣使者临视慰问。《董宣传》：

> 唯见布被覆尸，妻子对哭，有大麦数斛、敝车一乘。帝伤之，曰："董宣廉洁，死乃知之！"以宣尝为二千石，赐艾绶，葬以大夫礼。拜子并为郎中，后官至齐相。

汉时还没有完善的退休制度，只要身体状况允许，有些岗位可以一直干到死。"酷吏"是难得的"特殊人才"，也是一种高危职业。西汉文帝时有酷吏郅都，常自称"已倍亲而仕，身固当奉职死节官下，终不顾妻子矣"[②]，最具代表性。他们一般都是比较清廉的官吏，一旦罢官或死亡，家庭没有了收入，加之积蓄微薄，妻子儿女也就没有了生活来源。

直到董宣死后，光武帝才给他彻底平反，恢复了二千石、佩艾绶的大夫哀荣。光武帝对董宣心怀愧疚，加之司隶校尉水丘岑的求情，才破格征用了他的儿子董并为郎中。汉时有"以

---

① 〔东汉〕班固：《汉书》卷五十六，中华书局 1962 年版，第 2525 页。

② 〔西汉〕司马迁：《史记》卷一百二十二，中华书局 1959 年版，第 3133 页。

父为郎"的"任子"制度，但规定"以公、卿、校尉、尚书子弟一人为郎、舍人"①，而董宣即便恢复二千石大夫的待遇也还是不够资格的。之后不久，董并又被任用为齐国相，很快做到了和他父亲生前一样高的官职。（图1-23）

董宣的酷吏性格和做事风格对后世产生重要影响，除了北海水丘岑，100多年后北海又出了个酷吏滕延。史载滕延初为济北国相，后为京兆尹，有理名，世称为长者。《后汉书·宦者列传》：

> 小黄门段珪家在济阴，与览并立田业，近济北界，仆从宾客侵犯百姓，劫掠行旅。济北相滕延一切收捕，杀数十人，陈尸路衢。②

滕延任济北相期间应该祭祀过巫山上的董宣祠堂，受酷吏精神的激励才大开杀戒，颇有董宣遗风。

———————————

　①〔南宋〕徐天麟：《东汉会要》卷二十六，上海古籍出版社2006年版，第398页。

　②〔南朝宋〕范晔：《后汉书》卷七十八，中华书局1965年版，第2522—2523页。

图 1-23 孝堂山石祠西壁摹本

3.董宣祠堂的初建与讹变

严耕望考证，董并相齐在"建武、永平之际"①。齐国与董宣曾任"相"的北海国相邻，同属于青州刺史部。董并是否举家从河内郡迁徙到出仕地的齐国，后来的为官生涯和儿孙后代的情况如何，史无明载。

一种猜想：因为某个未知的机缘，董并的后人一支迁徙到了邻近的泰山郡（或济北国，永元二年分泰山郡置）。而泰山郡或济北国，与董宣的故乡陈留郡同属于兖州刺史部。从青州刺史部迁到兖州刺史部，也算回归故乡了吧。董宣的孙子死后，他的曾孙才在卢县的巫山上选址购地，建造了先人的茔冢和祠堂。或列光武、明、章三帝，或将董并上、下三代先人同堂祭祀。

蒋英炬等根据肥城西里村永平十六年（73）和栾镇村建初八年（83）的两块纪年画像石，从刻石边饰、雕刻技法等考古类型学角度比较，认为："孝堂山石祠的年代确定为1世纪东汉早期的章帝时期（或早至明帝）比较确切。"②但笔者注意到，济宁市博物馆藏题记为"永元五年"③的画像石，虽然刻工与孝堂山迥

---

① 严耕望：《两汉太守刺史表》，北京联合出版公司 2020 年版，第 186 页。

② 山东省石刻艺术博物馆、山东省文物考古研究所编，蒋英炬、杨爱国、信立祥、吴文祺著：《孝堂山石祠》，文物出版社 2017 年版，第 80 页。

③ 济宁市博物馆藏"永元五年"画像残石题记："太岁在巳永元五年六月成。""此中人马皆食大仓。"参见杨爱国《幽明两界：纪年汉代画像石研究》，陕西人民美术出版社 2006 年版，第 44—45 页。

图 1-24　永元五年画像石

异，但其隶书飞白和人物造型风格，较肥城二石更加娴熟，与孝堂山画风气韵更为接近。是故推测，孝堂山石祠的初建时间应该在公元1世纪末，东汉早中期的章和之际，更为确切。这与董并出仕齐相后其子孙迁徙卢县的猜想，在时间上也是相吻合的。时距董宣辞世40多年，董并已经快90岁了。（图1-24）

　　吾师罗哲文先生提到七七事变前日本人曾在孝堂山下"挖掘出一座有汉代画像的小型石室"[①]。如此看来，孝堂山石祠非一，从而很容易让人联想到武氏祠墓群，这里会不会也存在过

---

　　① 罗哲文：《孝堂山郭氏墓石祠》，原载《文物》1961年第4、5期合订本。见《罗哲文全集》第四卷，北京美术摄影出版社2016年版，第174页。

一个家族墓园？

　　这座小石室今藏于日本东京国立博物馆，是石室主要构件的三块画像石。刘国庆调研后认为，小祠堂与"郭氏墓石祠"两者是同一家族关系，"小祠堂的主人应该为'郭氏墓'石祠主人家族中的后辈"①。笔者一度认为，从画像风格上看，小祠堂建造时间当在东汉末期，时距董宣祠的建成又过百年，小祠堂也没有提及发现有纪年文字，故还不能认定是否同属于一个家族的墓地。

　　蒋英炬等在巫山上共发现了五座古墓。②笔者再上巫山考察时，注意到墓葬位置排列有序，属于至少三代人。按"携子抱孙"的葬制，认为"郭巨祠"后（北）面的墓冢可能属于董并，则石祠是为董并而建造。董并的祠堂出现董宣的事迹也属正常，或许在某个位置上还有董并的画像内容，我们因没有材料验证而不认识。如果按董并的祠堂来理解，那么罗先生提到的"小型石室"最可能属于前（南）面揭顶的墓室，也就是董并的孙子，是董宣的第四代孙。刘国庆"同一家族关系"说有一定道理。由于笔者没有看到小祠堂，上述观点仍是推测，不是定论。为避免概念的混乱，我们仍称之为"董宣的祠堂"。

---

　　① 刘国庆：《孝堂山出土的汉代小祠堂考》，载《山东艺术》2019 年第 6 期。

　　② 山东省石刻艺术博物馆、山东省文物考古研究所编，蒋英炬、杨爱国、信立祥、吴文祺著：《孝堂山石祠》，文物出版社 2017 年版，第 96 页。

另一种猜想：泰山郡（特指济北国）人感念董宣打击外戚、抑制豪强的威德，吏人自发筹资，为董宣立祠。史载侯霸薨，"临淮吏人共为立祠，四时祭焉"[1]。侯霸是河南郡密县（今河南新密东南）人，临淮立祠，必不在他的埋身之地。董宣立祠之际，外戚窦氏专权，吏治腐败，盗贼蜂起，人心思安。故有吏人自发立祠，并把侯霸和水丘岑画像同堂祭祀的可能性。（图1-25）

图 1-25 孝堂山石祠

今洛阳市古城区有一株据说有600多年树龄的"董公槐"，古老相传，这里是明代重建的"董宣祠"所在地，应该也是当

---

① 〔南朝宋〕范晔：《后汉书》卷二十六，中华书局1965年版，第902页。

地吏民感伤时弊、怀念古贤，自发而建的纪念祠堂。

石祠的三角隔梁石西侧有一则题记，内容为："平原漯（漯）阴邵善君以永建四年四月二十日来过此堂，叩头谢贤明。"永建四年（129）距立祠又过约40年，董氏冢祠疏于看管，才有游人出入，随意在石祠内壁上刻画（汉画像石上多有劝止游人损坏石祠的警示语）①。同时也说明游人那时还清楚地知道祠主是谁。信立祥据题记分析，"从题记的语气看，题刻者与祠主相识并曾受过祠主的恩惠，有可能是祠主的门生故吏"②。笔者认为，祠主离世太久了，题记者未必是祠主的生前故人，而是后世游人景仰董宣的人格魅力，故言来此"叩头谢贤明"。

如果拿董宣祠与武梁祠作比较，就会发现，武梁参与了自己祠堂的设计（预作寿藏），而董宣没有。武梁与武梁祠的关系，巫鸿已有论断，那就是：武梁祠画像的创作基于武梁本人的设计。③

武梁祠的画像都是武梁本人精选的儒家经典的素材，彰显

---

① 杨爱国在《幽明两界：纪年汉代画像石研究》第九章"汉代的盗墓毁祠之风与防范措施"中提到，东阿芗他君石祠题记中有"唯观者诸君，愿勿败伤"，宋山史安国祠题记有"来人堂宅，但观耳，无得刻画"等警示语。陕西人民美术出版社2006年版，第225页。

② 信立祥：《汉代画像石综合研究》，文物出版社2000年版，第82页。

③（美）巫鸿著，柳扬、岑河译：《武梁祠——中国古代画像艺术的思想性》，生活·读书·新知三联书店2015年版，第230页。

了武梁的性格特点和个性志趣。董宣祠画像则没有反映出祠主鲜明的个性，只有后人高山仰止式的历史追溯和史诗一般的讴歌赞美。石祠更似后世的地方吏人树立的一个榜样、一面旗帜、一块丰碑！（图1-26）

董宣的祠堂建成后香火旺盛，远近闻名，自然无需特别强调祠主是谁。郦道元记"今巫山之上有石室，世谓之孝子堂"[①]，看来那时祠主已经模糊不清。石祠的主人是如何由董宣附会到郭巨身上的？如果说祠堂让人联想到孝子向先人献祭，"孝子堂"也只是祠堂的别称，为什么孝子不是别人，偏偏说是郭巨？况且，郭巨乃一介布衣，没有做过二千石的高官，也不是济北国的人。

干宝《搜神记》卷十一："郭巨，隆虑人也，一云河内温人。"[②]无论具体是哪个县，东汉时两地均属"河内郡"，说郭巨是河内人几无可疑。而河内郡的郡治就在怀县，董宣曾任怀县令，其子董并或是从河内举家迁来的，所以对于泰山父老而言，董并的子孙自然也算是河内人氏。在民间，"郭巨埋儿"的故事广为流传，妇孺皆知，河内郭巨比"怀令"董宣的名气要大得多。久而久之，乡人把董宣祠讹传成了郭巨祠。

[①] 王国维校，袁英光、刘寅生整理标点：《水经注校》卷八，上海人民出版社1984年版，第275页。

[②]〔东晋〕干宝：《搜神记》卷十一，中华书局1979年版，第136页。

图 1-26 孝堂山石祠东壁摹本

　　我们注意到，"郭巨埋儿"的传说有所谓"因果说教"的味道，生成的时代应该较晚。最早记载郭巨孝行的托名刘向的"孝子图"，内容都是后世辑录的。汉画像石上也没有相关图像，嵩山启母阙上所谓"郭巨埋儿"的画像明显是误读。我们认为郭巨的孝感传说不会早至两汉，而是两晋以后逐渐形成的。

　　传说归传说，最早明确提出"郭巨之墓""孝子之堂"[①]的始作俑者，实乃北齐外戚陇东王胡长仁。《北齐书·外戚列传》[②]：

　　胡长仁，字孝隆，安定临泾人，武成皇后之兄。累迁尚书右仆射、尚书令，封陇东王，"长仁倚亲，骄豪无畏惮"，天统五年（569）被贬，出任齐州刺史。史载"长仁性好歌舞，饮酒至数斗不乱。自至齐州，每进酒后，必长叹欷歔，流涕不自胜，左右莫不怪之"[③]。

　　胡长仁出任齐州刺史的次年，携侍从居士慧朗和开府行参军王思尚等数人，到孝堂山访古览胜。他们做了一番社会调查（访询耆旧），然后在石祠西壁留下了500多字的长篇题记《陇东王感孝颂》。文中提到"前汉逸士，河内贞人"，当年他们听到"耆旧"对祠主的追忆是：古老相传，这座无主祠堂的大孝子本

---

　　① 山东省石刻艺术博物馆、山东省文物考古研究所编，蒋英炬、杨爱国、信立祥、吴文祺著：《孝堂山石祠》附录三《陇东王感孝颂》，文物出版社2017年版，第106—107页。

　　② 〔唐〕李百药：《北齐书》卷四十八，中华书局1972年版，第668—669页。

　　③ 〔唐〕李延寿：《北史》卷八十，中华书局1974年版，第2694—2695页。

是河内人氏。

郑岩很奇怪"尊崇郭巨这位儒家道德模范"的胡长仁，为什么没有提到满堂画像，没有注意到孔子、周公这些原始榜题？除了"寂寥遗字"这一笼统的说法，没有明确提到任何一条与画像同时镌刻的题记。郑岩对他们的行为不解，继之又说：

> 如果胡长仁一行像今天的学者那样认真地研究画像的内容，即便不能准确地判断墓主的身份，至少也不至于盲从"郭巨之墓"的谬说。那么，他们是如何去看的？又看到了什么？①

胡长仁等人也许看到，山上还有其他墓祠碑刻与董氏相关的文字，而董宣正是让外戚闻风丧胆的强硬的酷吏。胡长仁本人就是权倾一时的北齐外戚，他出任齐州的地方官，是受到权臣和士开的排挤，次年就因图谋暗杀和士开事泄而被赐死。当胡长仁在孝堂山上看到董宣的名字时，一定很扫兴，感觉那是一次不愉快的登山活动，出于个人际遇和身份感情，他清除了与董氏相关的痕迹，早年挖掘出的滚落到山下的小石室，可能就是那时破坏的。胡长仁不是拆除了石祠，而是花大精力重新包装、全面改造了石祠，强化孝行"天经地义，启圣通神"的

---

① 郑岩：《东汉孝堂山石祠的观者及其他》，载《美术研究》2021 年第 2 期。

道德说教，对孝子河内郭巨大加褒扬，有意掩盖祠堂主人真相，刻之石壁、传之后世，遂成定谳。（图1-27）

北宋赵明诚记载冢祠在"官道侧小山顶上"，他屡次经过并登临山上观瞻石祠。他发现胡长仁作《陇东王感孝颂》之前，并没有任何记载墓祠与郭巨有关，"不知长

图1-27　孝堂山石祠现状

仁何所据遂以为（郭）巨墓"[1]，对墓祠"郭巨说"大不以为然。至于是谁的墓祠，赵明诚因找不到证据而未作深究。乾嘉学者大都重视书法而疏于对画像的研究和对祠主的考证，祠主身份一直存疑，问题却最终没有得到解决。

---

　①〔北宋〕赵明诚：《金石录》卷二十二，上海古籍出版社2020年版，第538—539页。

20世纪80年代初，蒋英炬、杨爱国等在孝堂山石祠画像上新发现了"令"和"二千石"等文字榜题，这在历代金石著作中都未曾著录过，近代以来中外学人也都没有提及过。由于这一新的发现，特别是对"二千石"与"相"的官秩、官职的研究，蒋英炬等认为，"孝堂山主人最有可能是当过太守并出任过诸侯王相、傅一类的二千石官吏"[①]，从而把祠主的真实身份描绘得越来越清晰。然而，研究却没有联系"令"的榜题，忽视了对相关图像信息的深度分析，没有把榜题、画像故事与历史文献结合起来，与真正的祠主失之交臂。祠主犹抱琵琶，还是没有露出真容。

郑岩在致笔者信中谈到孝堂山石祠主人的问题，认为过去讨论的人比较多，但很多年没有人再涉足这个话题了，实在是因为材料太有限，我们研究的方法更是有限。杨爱国提示笔者，武氏祠是"碑图互证"的，孝堂山石祠的情况不同，值得注意。

按《孝堂山石祠》的统计，石祠内外今存历代题记共145条，其中有纪年的100余条，胡长仁题刻《陇东王感孝颂》之前的400多年间约有70条，没有一条提到祠主的名字，无论是董宣，还是郭巨或者其他人。"石祠是从一个角度对汉代历史的摄

---

① 山东省石刻艺术博物馆、山东省文物考古研究所编，蒋英炬、杨爱国、信立祥、吴文祺著：《孝堂山石祠》，文物出版社2017年版，第83页。

影，但愿我们从这些底片上读出更多的东西。"①孝堂山石祠还有许多未解之谜，随着研究领域的不断拓展，我们相信画像将会得到更多、更加全面的解读。历史如同这破碎的画像石，有些缺失还无法还原，有待新的发现。

附表：董宣生平事迹

起始时间	公元纪年	年 龄	任职和待遇	事 迹
约河平三年至建武九年	约前 26—33 年	0—59 岁	为司徒侯霸所辟，举高第	（60 岁之前从政活动情况不详）
建武十年	34 年	60 岁	北海相，二千石	杀公孙丹父子并宗族、亲党三十余人
建武十一年	35 年（不到 1 年）	61 岁	（坐青州狱）	遇特赦
约建武十一年至十五年	约 35—39 年	61—65 岁	怀令，六百石	（未详）
约建武十六年	40 年	66 岁	江夏太守，二千石	平定江夏剧贼夏喜之乱，因轻慢郡都尉阴氏坐免

---

① 尹吉男：《知识生成的图像史》，生活·读书·新知三联书店 2022 年版，第 190 页。

（续表）

起始时间	公元纪年	年 龄	任职和待遇	事 迹
建武十七年至十八年	41—42 年	67—68 岁	（下野）	赋闲怀县（？）
建武十九年至二十四年	43—48 年	69—74 岁	洛阳令，一千石	"夏门亭事件"约在建武二十三年
建武二十四年	48 年	74 岁	赐艾绶，葬以大夫礼	董宣卒于任上

（原题《"强项令"董宣的祠堂》，原载《山东艺术》2022 年第 5 期，作者汪灏、汪海波。有删改。）

附篇：西王母与宗布

孝堂山董宣的祠堂画像（以下简称"孝堂"），东、西两壁突出的三角部分，反映的是汉代人的西王母信仰和宗布（羿）的神话。二者虽然在汉代是极为常见的图像资料和文学素材，但在完整的祠堂空间里体现明晰的位置关系，则是比较难得的实物例证。

1. "不死药"与西王母崇拜
（1）西王母掌握"不死药"

西王母是汉代人崇拜的最重要的神仙，在佛像传入汉地之前，汉画像石上出现的西王母形象，是民间影响最大、地位最高的圣像。西王母在祠堂中的位置通常十分突出，孝堂西壁上的西王母圣像身躯庞大，脸呈正面，面庞圆润，脖颈上有三道颈纹，凭几端坐，看似一位慈祥的中年贵夫人。这是一幅出现较早的用于西王母膜拜的标准圣像。（图1–28）

西王母崇拜由来已久。《庄子》上说西王母"莫知其始，莫知其终"[①]，主要特征就是长寿。闻一多在《神仙考》一文中推断嫦娥窃药故事在战国初已流行，说明西王母与"不死药"的

---

①〔清〕王先谦集解，方勇校点：《庄子》，上海古籍出版社 2013 年版，第 73 页。

图 1-28 西王母圣像

传说不晚于战国初期①。《竹书纪年》和《大戴礼》又提到舜时西王母来献白玉琯（玦），西王母又似乎指向西方某国，与中原交往的历史悠久。传说周穆王西征昆仑丘时，曾经会见过西王母。《穆天子传》：

> 吉日甲子，天子宾于西王母，乃执白圭玄璧以见西王母，好献锦组百纯、□组三百纯。西王母再拜受之。□□乙丑，天子觞西母于瑶池之上。西王母为天子谣曰："白云在天，山陵自出。道里悠远，山川间之。将子无死，尚能

---

① 闻一多：《闻一多说神话》，江西教育出版社 2012 年版，第 140 页。

复来。"天子答之曰："予归东土，和治诸夏。万民平均，吾顾见汝。比及三年，将复而野。"天子遂驱升于弇山，乃纪其迹于弇山之石，而树之槐，眉曰"西王母之山"。①

"无死"一作"毋死"，饶宗颐先生认为与"不死药"有关。"将子无死"可释作"你将不死"，是说周穆王服食了西王母"不死药"而得以长生不死。《穆天子传》的真伪且不论，但这类的传说流行既久，让痴迷成仙的汉武帝十分艳羡。他派张骞出使西域，其中一项重要的任务就是寻找西王母。《史记·大宛列传》记载张骞的报告称：

安息长老传闻条支有弱水、西王母，而未尝见。②

张骞归国后，委婉地给汉武帝解释说，西王母的踪迹在安息当地也只是传说，没有人真正见到过。但汉武帝不甘心，又频繁派人不断出使西域，越走越远，以期找到西王母、获得"不死药"。

（2）西王母掌管天灾星

最早记载西王母仙界的是《山海经·西山经》：

---

① 〔东晋〕郭璞注：《穆天子传》卷三，上海古籍出版社1991年版，第254页。

② 〔西汉〕司马迁：《史记》卷一百二十三，中华书局1959年版，第3163—3164页。

玉山，是西王母所居也。西王母其状如人，豹尾、虎齿而善啸，蓬发戴胜，是司天之厉及五残。[①]

西王母半人半神，掌管"天之厉及五残"。郝懿行谓"主知灾厉、五刑残杀之气也"。"天之厉"实指天降灾害，风雨雷电之类；"五残"即五残星，出在东方，是"五方毁败之征，大臣诛亡之象"。二者都是传说中的天灾星。西王母主宰着自然灾害与人间刑罚，即掌管着天灾星，决定着降灾或者不降灾。与皇帝祈求成仙不同，民间祭拜西王母，首先是禳灾。（图1-29）

图1-29 西王母（一）

---

①〔清〕郝懿行：《山海经笺疏》，浙江人民美术出版社2013年版，第134—136页。

　　孝堂东壁画像上，左侧和右上描绘的是风雨雷电等灾害，表现"天之厉"；右侧执行刖刑的场面，是表现"五残"。（图1-30）

图1-30 孝堂山石祠东、西两壁上部画像摹本
（1为东壁、2为西壁）

　　左侧和右上方，分布着四组由十二人组成的一幅"天灾图"：

　　第一组：一人，中间一裸体大汉双手持管状物吹风，一脚腾空，似要跌倒的样子，他是风伯；

　　第二组：六人，风伯后有四人拉雷车，一人从后推车，车上坐着雷公，双手击鼓；

第三组：二人，在雷车后面，他们各自头顶一盆，盆侈口而厚沿，里面冒出火苗，二人为电母；

第四组：三人，电母后和雷公上，各有一荷农具的农夫，其中左下一农夫雨中奔跑状，有学者指认他们是雨师。笔者认为农夫只体现身在雨中，是表现雨的一部分，右上方彩虹下的人才是雨师。

《尔雅·释天》："螮蝀谓之雩。螮蝀，虹也"，"螮"同"蝃"，虹的两端都有龙首，它的出现好似某种神秘的预言。《诗经》有"蝃蝀在东，莫之敢指"，令人忌讳而不敢妄议。大概虹能致雨利于稼穑，也能致灾荼毒生灵，故人有敬畏之心，以免惹怒它而降灾，即蔡邕所谓"小女子之祥"[1]。祈雨的祭祀称雩祀，曲阜今存舞雩台，是古代巫师祈雨的祭坛。虹下端坐的正是雩祀的巫师——雨师。

以上四组自然现象中，画家表现"电"最为困难，释读多歧。如陈秀慧认为雷车后的人头上顶的是水盆，二人是雨师。雷电相伴而生，易生发森林大火，人类视之为天火，天火是"电种子"，故电母头顶火盆紧跟雷车后。

右侧十一人，分两层组成一幅"酷吏行刑图"。在第一章第2节中已有详细的释读，此不复述。

---

[1]〔北宋〕李昉等：《太平御览》卷十四，中华书局1960年版，第72页。

　　以上画像中的天灾人祸，本是西王母所司，而出现在东壁上，说明这是天降灾祸于人间，并非发生在西王母仙界里。

（3）西王母仙界

　　西王母的形象经历过从半人神到人格神的转化过程，她的图像也经历了从侧面转向正面的微妙变化。按《山海经·大荒西经》的记载，西王母还似一个未开化的母系氏族首领：

　　　　昆仑之丘有神，人面虎身，有文有尾，皆白，处之。其下有弱水之渊环之，其外有炎火之山，投物辄然。有人戴胜，虎齿，有豹尾，穴处，名曰西王母。此山万物尽有。[1]

　　东汉以降，汉画像石上的西王母大多是完整的人格神形象。她的图像通常处在祠堂西壁的上端，而石祠画像故事的叙事顺序，一般都是以西王母为开端。孝堂西王母仙界即出现在西壁上方，她已不是虎齿豹尾的神异，而是供人膜拜的圣像。鲁西南地区常见这种圣像。（图1-31和图1-32）

　　孝堂山石祠西壁上部画像摹本（图1-30），西王母的两侧共有七人跪拜，其中二人持盘和卮（求仙药），五人持稿（或椒，西

---

[1]〔清〕郝懿行：《山海经笺疏》，浙江人民美术出版社2013年版，第597—598页。

左：图 1-31　西王母（二）

下：图 1-32　西王母（三）

王母诏筹）。左三人后立有鸡首和牛首的神人，他们是教化三界的"老君真形"（灵鸽）和"天下鬼神之主"的炎帝（罗絸），分别持瓠和稿；其身后有两只玉兔捣药，左下角是三足乌和九尾狐，"日中有三足乌，月中有兔、蟾蜍"[1]，他们都是西王母的侍者。

　　西王母仙界的神人异兽不止上数，它们的出现有一定的宗教内涵。张光直讲到过尼三萨满被各种动物精灵抬起，帮助她穿越阴阳两界的神奇经历，对笔者有所启发。[2]洛阳卜千秋墓室的壁画[3]上，有一位衣衫褴褛的持节者，他是引导走向西王母仙界的神话了的张骞；壁画上有两只神奇的大尾巴动物，前者在抢食不死草，后者飞奔追赶，它们可能是《山海经·西山经》上的狰和讙，还有白虎、凤凰、猰狏、鸱鸮、修蛇（巴蛇）和蟾蜍等动物精灵，它们一起把嫦娥和羿抬起，送往西王母仙界。济宁市博物馆藏亢父故城出土的十余枚画像石上，刻画着各种双头、三头、成群或成对的奇异怪兽，人神杂糅，也是帮助墓主人升仙的。

　　右侧二人持戈而立，他们是大行伯，也是西王母的卫士。按《山海经·海内北经》：

---

　　[1] 黄晖：《论衡校释》，中华书局 1990 年版，第 502 页。

　　[2] 汪海波：《蚩尤考证》，齐鲁书社 2014 年版，第 164—165 页。

　　[3] 洛阳博物馆：《洛阳西汉卜千秋壁画墓发掘简报》，载《文物》1977 年第 6 期。

> 有人曰大行伯，把戈。其东有犬封国。①

　　犬封即犬戎、狗国，与高辛氏和槃瓠的传说有关。昆仑有
蜪犬、环狗等，有"穿胸狗邦""猚状如狗"之类的描述。画像
上出现多处狗和类狗的神兽，右二类狗又像猚的怪兽应该就是
"环犬"；环犬左上方有一只大鸟是"胜遇"；《西山经》记玉山
有兽，"其状如犬而豹文，其角如牛，其名曰狡"，右一的类狗
神兽，有角似"狡"，见则大穰（丰收）。

　　九尾狐前面有三个成年人和一个裸体的小儿，小儿作张望
状，他们都是不远万里来仙山求取"不死药"的凡人。迎面而
来的是两组"贯胸人"（或曰"穿胸民"），两人有穿胸而过的
滑杆，各被二人抬起来行走。按《博物志》之"穿胸国"，禹
杀防风氏后，有防风二臣遇到禹乘龙巡游，怒而射之，有迅雷，
二龙升天，射未中，刺杀行动暴露：

> 二臣恐，以刃自贯其心而死。禹哀之，乃拔其刃疗以
> 不死之草，是为穿胸民。②

　　禹敬佩这两位为主报仇的防风臣子的忠诚，不治其罪反救

---

　　①〔清〕郝懿行：《山海经笺疏》，浙江人民美术出版社 2013 年版，第
513—514 页。

　　②〔西晋〕张华撰，范宁校证：《博物志校证》，中华书局 1980 年版，第 22 页。

活了他们。"不死之草"即"不死药"，禹应该是从西王母处求得，贯胸人死而复生，是以出现在西王母仙界里。

贯胸人身后二拄杖者，是求得"不死仙药"的高士，他们身轻体健，仿佛返老还童，面前有一童子跪奉仙丹。

上部中间二人促膝相对踞坐，他们是守护天门的阍人，天门是西王母所在的昆仑仙界的大门。在长沙马王堆辛追墓出土的"非衣帛画"的上部，也有两个守护天门的阍人。（图1-33）

阍人左侧有一人，大概也是求仙者，他手持棍棒追打一犬，身后又跟随一犬，意谓吃了"不死仙药"，家犬也能飞升成仙。

天门右侧是女娲持规，对应东壁上持矩的伏羲，他们是大巫，身后都有裸体的小巫舞蹈戏龙。巫是交通人与神的媒介，伏羲还是传说中的"三皇"，和女娲一起被认为是人类的始祖和保护神，同时有标志阴阳方位的意义。

图1-33　帝阍

（4）西王母崇拜

"不死药"是成仙秘方，西王母所在的昆仑之虚，遂成为世间凡人向往的神仙世界。在汉代，西王母崇拜的第一次高潮出现在汉武帝时期，汉武帝不惜动用大量的人财物力，甚至发动战争，寻求"不死药"和帮助他升仙的"汗血宝马"，这次高潮主要出现在统治集团上层。

西汉末年，神仙方术兴盛，西王母的影响扩大到民间，不再单纯以为皇帝个人寻找"不死药"为目的，而是带有浓厚的救世济民的圣人崇拜色彩。建平四年（前3），举国若狂地祠祀西王母，成了即将来临的政治大变局的先兆。汉哀帝即位后，先是把掌握朝政的王莽外戚集团赶下了政坛，但其统治昏庸，国势衰微，于是民心思变。西王母附上了王莽的姑母、汉元帝皇后王政君的影子，歌舞祠祀西王母也就变成王莽集团东山再起的预兆。笔者推论，受政治形势的左右，在全国掀起了第二次西王母崇拜的高潮。（图1-34）

图 1-34 西王母（四）

《汉书·哀帝纪》：

> （建平）四年春，大旱。关东民传行西王母筹（颜师古
> 注：西王母，元后寿考之象。行筹，又言执国家筹策行于
> 天下），经历郡国，西入关至京师。民又会祠西王母，或
> 夜持火上屋，击鼓号呼相惊恐。[①]

孝堂东、西二壁上持筹者共有九人，其中西壁上七人，东
壁二人。东壁上的二人位于左侧中部，他们均穿袍服，是衣冠
士人（大臣）打扮。他们手中分别持稿和椒的诏筹，意为得到了
西王母的庇护，从而免除了"五残"的刑罚（屋右侧，同行），
行西王母筹即可逢凶化吉，效果可谓立竿见影。

建平四年即公元前3年。关于这场西王母崇拜运动，《汉
书·五行志》上有更加详尽的描述：

> 哀帝建平四年正月，民惊走，持稿或椒一枚（如淳注：
> 椒，麻干也。颜师古注：稿，禾秆也），传相付与，曰行诏
> 筹。道中相过逢多至千数，或被发徒践，或夜折关，或逾
> 墙入，或乘车骑奔驰，以置驿传行，经历郡国二十六，至
> 京师。其夏，京师郡国民聚会里巷仟佰，设祭张博具，歌

---

① 〔东汉〕班固：《汉书》卷十一，中华书局1962年版，第342页。

舞祠西王母。又传书曰："母告百姓，佩此书者不死。不信我言，视门枢下，当有白发。"至秋止。①

西王母崇拜的高潮席卷全国，历时七八个月，在中国历史上都是罕见的狂热的宗教运动。西王母俨然成了救苦救难、有求必应的感应女神。《三国志·魏书》记：

　　昔汉哀帝元寿元年，博士弟子景卢受大月氏王使伊存口受《浮屠经》。②

就在西王母崇拜高潮出现不久，大月氏使臣伊存来朝，在长安向博士弟子景卢口授《浮屠经》，史称"伊存授经"，标志着佛教正式传入中国。梁任公认为"既无著述，亦无传授，则影响固不及思想界耳"③。汤用彤对比研究各种资料后肯定地说，"最初佛教传入中国之记载，其无可疑者，即为大月氏王使伊存授《浮屠经》事"④。"伊存授经"是中国佛教史上的标志性事件，这一年被认为是可靠的佛教传入中国之元年。但是"行西王母筹"运动比"伊存授经"还早了一年，如果说西王母崇拜

①〔东汉〕班固：《汉书》卷二十七上，中华书局 1962 年版，第 1476 页。

②〔西晋〕陈寿：《三国志》卷三十，中华书局 1959 年版，第 859 页。

③ 梁启超：《佛学研究十八篇》，辽宁教育出版社 1998 年版，第 19 页。

④ 汤用彤：《汉魏两晋南北朝佛教史》，中华书局 1983 年版，第 6 页。

高潮的出现受到佛教信仰的影响，似乎解释不通，又似乎不无
关系。

西王母图像是佛像出现之前中国排名第一的神像，她是在
中国历史上第一个在较大程度内和较长时间里流行，具有民间
宗教崇拜性质的偶像。[1]随着佛教的传播和道教的兴起，浮屠逐
渐取代了西王母"西方之神"的位置。汉桓帝在濯龙宫祠祀黄
老浮屠时[2]，"华盖之坐"上没有西王母的神位。

2. 宗布（羿）的神话

（1）羿射风伯

羿最初是天神，帝俊派他到人间帮助尧。《山海经·海内
经》记：

> 帝俊赐羿彤弓素矰以扶下国，羿是始去恤下地之百艰。[3]

羿的神话散见于《淮南子》。《淮南鸿烈·本经训》：

> 逮至尧之时，十日并出，焦禾稼，杀草木，而民无所食。
> 猰貐、凿齿、九婴、大风、封豨、修蛇皆为民害。（原注：猰
> 貐，兽名也，状若龙首。或曰：似狸，善走而食人，在西方

[1] 李淞：《论汉代艺术中的西王母图像》，湖南教育出版社2000年版，第310页。
[2]〔北宋〕司马光：《资治通鉴》卷五十五，中华书局1956年版，第1787页。
[3]〔清〕郝懿行：《山海经笺疏》，浙江人民美术出版社2013年版，第644页。

也。凿齿，兽名，齿长三尺，其状如凿，下彻颌下，而持戈盾。九婴，水火之怪，为人害。大风，风伯也，能坏人屋舍。封豨，大豕。楚人谓豕为豨也。修蛇，大蛇，吞象三年而出其骨之类。）尧乃使羿诛凿齿于畴华之野，杀九婴于凶水之上，缴大风于青丘之泽，上射十日而下杀猰貐，断修蛇于洞庭，禽封豨于桑林。万民皆喜，置尧以为天子。于是天下广狭险易远近始有道里。①

孝堂东壁画像的中央偏左，持风管吹气的裸体大汉即风伯。端坐在屋内者是羿，羿抱彤弓，腰系印绶，屋顶虽被风吹掀开，羿却安然不动。"风伯坏人屋室，羿射中其膝"②，画像表现的就是羿的神箭射中风伯一膝，风伯气泄，不能再鼓足底气吹出大风的顷刻。汉画像石上所见风伯，大多都是这种站立不稳的姿态。所谓"缴大风"，意为缴遮大风，阻之而非杀之，使之不能继续为害。（图1-35）

羿的前后各有二人，是他的侍者或弟子，也是他的"陪衬人"。在汉画像石上，重要的人物通常都有"陪衬人"。

以往学者释读此画像为"风伯吹（发）屋图"，认为在东王

公形象出现之前，是由风
伯对应西王母，从而判断
屋内之人可能是祠主本
人。信立祥即认为"风
伯是箕星的人格神"，是
"司风的东方之神"①，还
把风伯与西王母相对应。
笔者认为，屋内的人才是
主要人物，他是羿，风伯
只是辅助角色。羿与西壁
上的西王母相对应（但不
对等），分别象征他们所
居住的地方：天和地。

图 1-35　风伯

（2）"不死药"与嫦娥

　　羿与西王母还存在着更深层的关系渊源。联系羿与西王母
的首先是"不死药"。传说羿因射日使帝俊心不顺悦，羿被贬谪
在凡间而不能返回天上。《山海经·海内西经》记昆仑之虚高万
仞，"非仁羿莫能上冈之岩"②，乃言羿以仁勇攀登昆仑事。《淮

---

　　① 山东省石刻艺术博物馆、山东省文物考古研究所编，蒋英炬、杨爱国、信
立祥、吴文祺著：《孝堂山石祠》，文物出版社 2017 年版，第 92 页。

　　② 〔清〕郝懿行：《山海经笺疏》，浙江人民美术出版社 2013 年版，第
505—506 页。

南鸿烈·览冥训》：

> 譬若羿请不死之药于西王母，姮娥窃以奔月，怅然有
> 丧，无以续之。[①]

羿在西王母处求得"不死药"，自然见过西王母，此时的羿只是求仙的凡人，他的妻子嫦娥（姮娥）也是凡人。卜千秋墓室壁画所谓的"墓主升仙图"中，有一怀抱三足乌、站在三头鸟（鹔鹴）上的女子，她就是嫦娥，而不是女墓主。（图1-36）张衡

图1-36 升仙图

---

① 刘文典撰，冯逸、乔华点校：《淮南鸿烈集解》，中华书局1989年版，第260页。

《灵宪》：

> 羿请不死药于西王母，羿妻姮娥窃以奔月，托身于月，
> 是谓蟾蜍。①

嫦娥奔月，化为蟾蜍，是知月精蟾蜍即羿的妻子嫦娥，最后成了西王母的侍者。

饶宗颐先生考证"不死药"源自波斯《火教经》的记载，是一种植物榨出的汁，饮之令人精神旺盛，是一种兴奋剂，可以长生不老。他认为"不死药"和奔月神话都是塞种人由波斯传入乌孙地的。②如此观之，中西交通当有三千年以上的历史。

嫦娥化蟾蜍，成了不死的"月亮女神"。在西王母仙界里，蟾蜍有着重要的位置。"乐府歌"有"采取神药山之端，白兔捣成虾蟆丸，奉上陛下一玉柈"③的诗句，蟾蜍也成了仙药的配方。汉画像石上常见有蟾蜍和玉兔为西王母捣药的情形。（图1-37和图1-38）

---

① 〔北宋〕李昉等：《太平御览》卷四，中华书局1960年版，第22页。

② 饶宗颐：《波斯塞种与Soma（须摩）——不死药的来源探索》，见《饶宗颐二十世纪学术文集》卷七《中外关系史》，中国人民大学出版社2009年版，第106—117页。

③ 〔北宋〕李昉等：《太平御览》卷九〇七，中华书局1960年版，第4023页。

图 1-37 西王母（五）

图 1-38 西王母（六）

（3）羿为宗布

羿没有吃药成仙，结果肉身被杀。《孟子·离娄下》：

> 逢蒙学射于羿，尽羿之道，思天下惟羿为愈己，于是
> 杀羿。①

羿的徒弟逢蒙因嫉妒老师的射艺而杀羿。逢蒙用桃木大杖

①《孟子集注》卷八，中国书店 1985 年版，第 64 页。

偷袭击羿，羿未及防。《淮南鸿烈·诠言训》：

> 羿死于桃棓。（原注：棓，大杖，以桃木为之，以击杀
> 羿。由是以来，鬼畏桃也。……《说山训》"羿死桃部不给
> 射"。）[1]

孝堂东壁，风伯的上部，有一人持大杖，大杖的前端较粗，他可能就是杀害羿的逆徒逢蒙。此时他在风雨雷电中跋涉，与灾害为伍，大概画师把人性的"恶"也归类于灾害了。

羿不能升仙，死后却成了鬼神。《淮南鸿烈·氾论训》：

> 羿除天下之害，死而为宗布，此鬼神之所以立。（高
> 诱注：羿，古之诸侯。河伯溺杀人，羿射其左目；风伯坏
> 人屋室，羿射中其膝。又诛九婴、窭窳之属，有功于天下，
> 故死托祀于宗布。祭田为宗布，谓出也。一曰：今人室中
> 所祀之宗布是也。或曰：司命傍布也。[2]）

羿因有功于天下，帝俊怜之，死而立为宗布。所谓"鬼

---

[1] 刘文典撰，冯逸、乔华点校：《淮南鸿烈集解》，中华书局 1989 年版，第 558 页。

[2] 刘文典撰，冯逸、乔华点校：《淮南鸿烈集解》，中华书局 1989 年版，第 554 页。

神"即"鬼之神",谓羿为治鬼之神。然治鬼之神非一,如灵鸽罗絪、神荼郁垒、方相氏和泰山君等,各有职司。宗布何为?孙诒让认为:"祭星为布,宗布谓此也。"刘文典疑"宗布"为《周礼·党正》之祭禜,和《族师》之祭酺。郑注:"禜谓雩禜,水旱之神。酺者,为人物灾害之神也。"宗布通禜酺,并禳除灾害之祭,羿生能除害,善射的威名尚在,故托食于彼。在汉代,宗布为禳灾镇鬼的居家神,在祠堂里则是祠主阴宅的保护神。(图1-39)

图 1-39 宗布神

与西王母的正面形象不同,孝堂画像上的宗布神,坐在危屋的中央,呈侧面,面向屋外的风伯、雷电和逢蒙诸害。宗布玄冠加弁,怀抱彤弓,腰系印绶,从装束上看,他的身份极为尊贵,似田狩的天子或王侯,在祠堂里充当西王母辅神的角色。

羿遭遇了由天神到凡人，求仙不成、被杀成鬼，最后封神的坎坷命运。他精通射艺，忠于职守，为人间除害，他的妻子却私吞仙药、不辞而别，而他又被恶徒残忍杀害。羿更像是一个孤独的悲剧英雄，应该有一个现实原型或故事来源。有穷后羿的身上即有他的影子，后世常把二人混为一谈。

海昏侯墓发现之前，学界普遍认为，晚至公元2世纪中叶，东王公才被创造出来，取代了风伯，作为西王母的"镜像"出现在祠堂东壁上。其实至少在西汉昭宣之季，东王公就已经与西王母相对出现了。宗布因其"鬼神"的特殊身份而出现在墓葬和祠堂中，在祠堂中作为辅神与西王母相对应，在某一个时期和地域曾经是相对固定的组合。卜千秋墓室壁画上，与嫦娥并行的男子怀抱大弓，立在大蟒蛇（修蛇）上，朝向西王母而来，此男子即登上昆仑见西王母求得"不死药"的羿。

可见宗布神不唯以射风伯的形象出现，还有其他造型的组合存在，最多的应该是射雀（日）和"蹶张"，大量存在于汉画像石上。江苏省沛县栖山西汉墓石椁画像上，左侧楼上有西王母，楼下二仙人捣药，三青鸟、九尾狐献食，楼下有四个半人兽求仙者，其右大树下即为射雀的羿；再如嘉祥武梁祠后壁的树下射雀图、微山小祠堂与西王母相对的东壁上，表现的都是"羿射十日"。由于在当时是司空见惯的图像，故没有榜题。但今天我们还不能完全释读。（图1-40、图1-41、图1-42）

孝堂画像上的自然之害和牢狱之灾，是西王母所司，也是宗布（羿）所除。宗布的地位一度与西王母相当，他们都具有早期宗教神话的特征，是汉代人祈求成仙、禳除灾难的崇拜偶像。

图 1-40　羿射图（部分）

图 1-41　武梁祠后壁拓本

图 1-42 西王母与宗布神

第二章

侯门宴："朱鲔石室"祠主侯览说

本章以图像结合文献，通过剖析历史背景解读画像内容，以图入史，以史解图。共分为两大部分：以历史考证为主的内篇，以艺术鉴赏为主的外篇，篇目分别为"内篇：侯览的寿藏"和"外篇：侯门夜宴图"。

1. 内篇：侯览的寿藏

"朱鲔石室"是著名的汉画像石祠堂，原位于山东省济宁市金乡县城西。1934年，美国学者费慰梅到金乡实地考察时，发现"朱鲔石室"已被拆除，原址上还有石室的地基和暴露的墓室，于是绘制了石室与墓室的关系示意图（图2-1），又根据拆散的画像石屏，摹绘了石室画像的展开线描图，之后的半个多世纪里，一直没有引起国

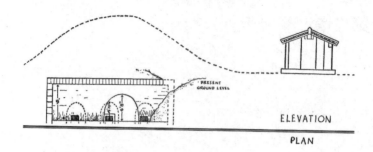

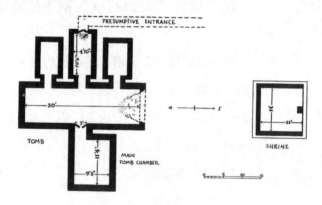

图 2-1 祠冢位置关系示意图

内研究者的关注。直至20世纪末，始有学者在研究汉画像石时引用费氏复原"朱鲔石室"画像的线描图。[①]（图2-2）

从费慰梅绘制的石室复原图[②]的外观形制看，"朱鲔石室"是一座双开间悬山顶式的房屋建筑。室内面阔3.96米、进深约

---

① 山东省石刻艺术博物馆编，蒋英炬、杨爱国、蒋群著：《朱鲔石室》前言，文物出版社2015年版，第7—8页。

② 梁思成：《中国建筑史》第三章"汉代实物"第6图，百花文艺出版社2005年版，第37页。

3.3米、高约3米。①这曾是一座汉画像石祠堂中体量最大、画像
最精美的地面房屋建筑物。

1.1 "朱鲔石室"的祠主不是朱鲔

关于"朱鲔石室"的最早记录见于北魏郦道元《水经注》
卷八:

> 又东过东缗县北,济水又东径汉平狄将军扶沟侯(淮阳
> 朱鲔冢)。(墓北有石庙……)②

冢和石庙(祠)的主人何以言之凿凿地指向朱鲔,郦氏未加
说明,以致后世因袭其说,虽有怀疑者,但都未提出冢祠属于其
他人的新说。就像孝堂山石祠一样,祠主问题也成了不解之谜。

"朱鲔石室"所在的东缗县,北邻金乡、南邻防东、东邻高
平,均属山阳郡管辖,西北部的昌邑即山阳郡治,东北部与任
城国接壤。

北宋沈括记录了重新发掘"朱鲔石室"的状况:

> 济州金乡县发一古冢,乃汉大司徒朱鲔墓,石壁皆刻

---

① 山东省石刻艺术博物馆编,蒋英炬、杨爱国、蒋群著:《朱鲔石室》,文
物出版社 2015 年版,第 52 页。

② 王国维校,袁英光、刘寅生整理标点:《水经注校》卷八,上海人民出版
社 1984 年版,第 289 页。

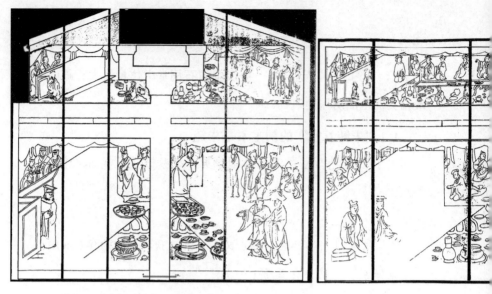

图 2-2 "朱鲔石室"画像线描图

人物、祭器、乐架之类。人之衣冠多品，有如今之幞头者，巾额皆方，悉如今制，但无脚耳。妇人亦有如今之垂肩冠者，如近年所服角冠，两翼抱面，下垂及肩，略无小异。人情不相远，千余年前冠服，已尝如此。其祭器亦有类今之食器者。①

沈括所谓的"发一古冢"，实乃重新挖掘出掩埋已久的"朱鲔石室"，即墓前祠堂。

孝堂山石祠屹立在通衢大道旁的小山包上，里里外外刻满了历代游人的题记。"朱鲔石室"因济水经常泛滥，水土长期

——————

① 胡道静：《胡道静文集·梦溪笔谈校证》卷十九，上海人民出版社 2011 年版，第 470 页。

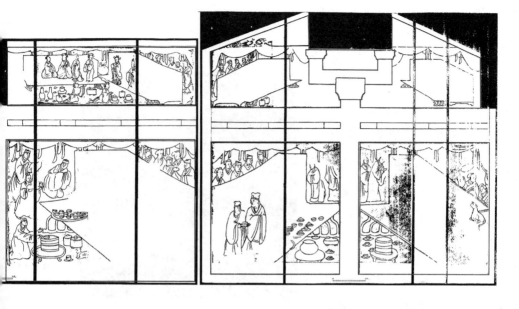

掩埋石室，也因此画像石没有受到自然风化和严重的人为刻画。乾嘉以来，石室又多次被"发现"，或误作墓室，可见石室画像长期埋在地下，不容易观瞻。沈括来实地考察过石室，但也仅见一斑，未窥全豹，故误把祠堂作古冢、画像上的屏风认作"乐架"了。

沈括之后的700多年间，"朱鲔石室"不见于著录，可能再次埋入泥沙。直到黄易"金乡剔石室"，对"朱鲔石室"进行了深入挖掘，才注意到"河患室淤"的客观事实，发现了石室内的题记"隐隐似汉朱氏鲔等字"。继之，王昶、翁方纲、毕阮、王懿荣等人，都对"朱鲔石室"表现出兴趣和关注，但主要侧重于文字题记的传统金石学研究，对画像内容的研读并没有实质性的进展。

1907年，法国汉
学家沙畹到金乡实地
考察，拍摄了"朱鲔
石室"最早的照片（图
2-3），日本学者桑原
骘藏接踵而来，也留
下现场照片，这些照
片显示石室大半仍掩
埋在土中；1931年，
德国人奥托·菲舍

图 2-3 沙畹拍摄的石室

出版的《汉代中国绘画》，最早发表了石室"部分图像的线摹
图"①，都是画像石屏的上半部分，即阁楼上的女宾宴饮图，约
占石屏画像的三分之一，菲舍前来遗址描摹画像时，石室大半
埋在土中，难以剔出画像的全部；此间，大批古董商前来"挖
宝"，制作拓片，或是古董商买通村民，反复挖出、填埋，对
石室的破坏日趋严峻；1927年，当地乡绅出于保护画像石的目
的，把石室有画像的三壁共11面石屏全部拆下，运送到县城内
保护；1934年，费慰梅看到的就是拆除后移置到明伦堂的不完
整的石室构件，才第一次把全堂画像描摹下来，展现在世人面

———————
① 山东省石刻艺术博物馆编，蒋英炬、杨爱国、蒋群著：《朱鲔石室》，文
物出版社 2015 年版，第 18—19 页。

前；1950年，傅惜华等编著的《汉代画象全集》收录"朱鲔石室"画像27幅，首次比较全面地把画像石拓本著录并正式发表。

画像题记"朱长舒之墓"等文字，一直是后世判断祠主人为朱鲔的重要线索。朱鲔事迹散见于《后汉书》，他是西汉末年绿林义军的主要首领之一，史书没有他本人的传记，也没有记载朱鲔字"长舒"。"朱长舒之墓"五字刻在西壁下层的左上一角，字迹潦草随意，夭斜不工。早年蒋英炬等认为，"朱长舒之墓"的题刻文字刻画浅而细，判断为后人所刻，与真正的祠主无关。

研究发现，汉画像石祠堂题记还没有出现"某某人之墓"的称谓，也没有这样的书写习惯。经笔者观察，"朱鲔石室"画像上的刻画字迹，不是祠堂最初的设计者留下的，而是祠堂"废弃"许多年以后，由当时仍健在的"知情人"示意他人刻画上去的，他显然不是雕工娴熟的专业石匠，只是想把他了解的所谓"真相"告诉世人。

黄易等还注意到，在同一块石屏的下方，屏风画上的空白处有四行题记，也是后人题刻的，这些字又被人为凿毁了。王昶等人辨识出"汉朱氏""始""鲔""嘉""相""与可为""分""豫""叶万""祥"等，约十五字。这些题记的毁坏，也是略知实情的"好事者"所为，王昶认为这四行题记的内容是错误的，因为他知道朱长舒并非朱鲔，而且他认识或通过家中长者间接知道朱长舒其人，故不惜工力，执着地凿去题记，

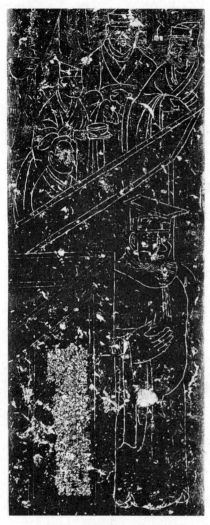

图 2-4 西壁上的侯氏祖先

以免贻误后人。《金石萃编》"朱长舒墓石室画象题字"条：

朱长舒画象之末幅，下有八分一段，隐隐可辨者数字……相传为朱鲔墓，不得其实。今得一"鲔"字，孙渊如云：鲔字头长也。长舒或即鲔之号亦未可定。①

王昶对朱鲔字"长舒"也是有怀疑的。孙渊如即孙星衍，他注意到"鲔字头长"，形象上看朱鲔字"长舒"似可通，却恰恰暴露了题记是后来者故意为之，误导后人望文生义，坐实题记中的朱长舒就是朱鲔。（图2-4）

我们仔细观察画像石上的

① 〔清〕王昶：《金石萃编》卷二十一，上海古籍出版社 2020 年版，第 378 页下。

文字就会发现，其书写与雕刻水平与画像的制作水平极不相称，不是为配合画像内容而专门题刻的，且对绘画作品的整体观赏效果造成一定的破坏，同时误导了后人，长期不能理解画像所反映的历史真相。

在后壁的下层、中立柱的右侧，有一位忙碌的“家臣”，他身旁刻一“朱”字，应该也是“知情人”留下的，这位“知情人”很确定地指出：这个年轻人才是朱（长舒）！（图2-5）

历史上的朱鲔是一位十分谨慎的人，特别是他的“历史问题”，不允许他张扬地建造一座既不在都城洛阳附近、又不在故乡或封地的祠堂，他的后人也不敢这样做。

在绿林军内部，朱鲔与刘秀兄弟从来都是对立的两大派系。朱鲔等人扶持了刘玄做皇帝，阴谋杀害了刘秀的兄长刘縯，防范并排挤刘秀。当刘玄进入长安（今陕西西安）大封功臣的时候，朱鲔被封为胶东王，但他以“白马之盟”为推辞，坚持不肯接受封王。赤眉军进入长安，刘玄政权覆灭时，

图2-5　朱长舒

朱鲔镇守洛阳城，在走投无路的情况下，他仍坚守城池，不敢投降刘秀。他的旧部岑彭劝他投降，他说出了心中的矛盾和顾虑：

> 大司徒被害时，鲔与其谋，又谏更始无遣萧王北伐，诚自知罪深。①

刘秀闻言，指河水为誓，承诺朱鲔如果归降，官爵可保。朱鲔于是自缚出城投降。刘秀入洛阳，不食前言，拜朱鲔为平狄将军。封扶沟侯，官至九卿之一的少府卿，这是"掌中服御诸物，衣服宝货珍膳之属"②的"中官"机构。刘秀安排朱鲔为私人生活服务，一方面显示了一个胜利者内心掩饰不住的得意，另一方面也是朱鲔平生谨慎、不敢越雷池半步的性格使然。

朱鲔是两汉之交的风云人物，他的生卒年应该与刘秀相当。按《东观汉记》的记载，朱鲔后封"成德侯"，传到玄孙方国除③。成德即东汉时的九江郡平阿县，在今安徽省寿县境内。如果他的子孙生活在封地，他的墓冢和祠堂也许在九江郡，而非山阳郡。

---

① 〔南朝宋〕范晔：《后汉书》卷十七，中华书局1965年版，第655页。

② 〔南宋〕徐天麟：《东汉会要》卷十九，上海古籍出版社2006年，第283页。

③ 〔东汉〕刘珍等撰，吴树平校注：《东观汉记校注》，中州古籍出版社1987年版，第266—267页。

郑岩认为，将"朱鲔石室"的年代确定在东汉灵帝时期，是比较可信的。[①]石室和墓室均与朱鲔本人无关，已成为学界的基本共识。蒋英炬等分析了"祠主的历史之谜"，怀疑是一位同姓同名者，他们检索了相关文献，没有找到另一个同姓名或同表字的"朱鲔"或"朱长舒"。但提到一则国外的汉学研究信息，引起笔者的关注：

> 美国学者包华石虽然否认石室与朱鲔有联系，并据后壁图像上男子无须和服饰的特点，还引用东汉山阳郡防东人宦官侯览预做寿藏事为旁证，推测赞助人是宦官，但此说也难以让人信服成立。[②]

笔者通过对石室画像的观察，结合相关文献研究认为，包华石的推测最接近历史真相，是打开"朱鲔石室"密码的一把"金钥匙"！

1.2 石室画像风格比较

石室画像内容透露出祠主怎样的身份信息？反映的是什么历史故事？如果把"朱鲔石室"与打虎亭汉墓、孝堂山祠和武

---

① 郑岩：《视觉的盛宴——"朱鲔石室"再观察》，载《美术史研究集刊》第四十一期（2016），第63页。

② 山东省石刻艺术博物馆编，蒋英炬、杨爱国、蒋群：《朱鲔石室》，文物出版社2015年版，第89页。

氏诸祠放在一起作比较分析，研究它们之间的共性和差异，或能找到更多有价值的线索，从而更接近历史真实：

第一，从墓祠选址上看。孝堂山祠建在一座光秃的小山丘上，武氏诸祠建在一背阴山坡下的洼地上，它们都没有占用良田耕地，与儒家倡导的"不封不树"和"墓而不崇"的丧葬观比较契合；"朱鲔"的墓祠和打虎亭汉墓都是建在一片开阔的平原上，占用的是良田耕。时人王符就曾批评贵戚豪族"良田造茔"、建造"庐舍祠堂"，直刺这种行为是"伤害吏民"[1]。"朱鲔石室"的主人和打虎亭汉墓的主人，都属于王符指责的"贵戚豪族"之家。

第二，从石室规格上看。孝堂山石祠是今存体量最大的汉代画像石祠堂，面阔4.14米，通高2.64米，入口处高0.86米，观者进入还要躬身低头；在"朱鲔石室"遗址附近的村庄里曾发现一件枋柱石，长2.4米[2]，是石室前承檐枋的一半，依此推测屋顶面的长度超过5米，祠堂总高3.4米，观瞻者可以轻松自如地进出，体量比孝堂山和武氏诸祠都要大得多。（图2-6）孝堂山石祠和武氏诸祠，均用一面磨光的矩形厚石板拼合而成，主要构件一般不超过9块，画像是按设计好的草稿一次性制作完成；

---

① 〔东汉〕王符著，〔清〕汪继培笺，彭铎校正：《潜夫论笺校正》卷三，中华书局1985年版，第137页。

② 李德渠主编：《金乡汉画》，青岛出版社2015年版，第108页。

"朱鲔石室"则是预制的双面磨光后刻画[1]的长条石屏，每块石屏的侧面都有凹凸各半的平槽，严密扣合组成，工艺复杂，有画像的石屏就有13块之多，主要构件超过19块，内容经过多次改动，每次改动重刻都要更换整块石屏，还要拆散、重组整体石室才能完成安装，最终也没有定稿完成，显示出祠主不惜工本、反复修正、追求完美的性格特点。另外，从墓祠之间的关系上看，孝堂山和武氏诸祠都紧靠墓冢，以宋山小祠堂为代表的多数石祠，都是后部不雕刻花纹，直接埋入封土，更像是一个坟墓的入口，故小祠堂的后半部一般不再加工磨光，大多高低不平。（图2-7）"朱鲔石室"的外壁不仅磨光，而且刻画着花纹，与墓

图 2-6 "朱鲔石室"承檐枋

图 2-7 武氏祠左石室示意图

---

① 李德渠观察发现，石室的"外壁同样加工平整，刻有立柱、横枋，中、下部刻两道花纹带"。参见李德渠主编《金乡汉画》，青岛出版社2015年版，第124页。

室之间的距离长达8.2米；打虎亭墓道更长，祠堂前原来还有神道①，墓室画像都刻在由多块石头组合而成的石壁上，这种组合刻画的风格与"朱鲔石室"石屏一样，技艺高超且费工费时。如此高规格的汉代石室是罕见的，也说明了墓主不是一般的"贵戚豪族"。

　　第三，从内容选材上看。孝堂山石祠和武氏诸祠都遵循了民间流行的画像祠堂设计模式，即以祠主祭祀为中心，围绕展开西王母神仙世界和祠主个人的精神境界，如对天文祥瑞、明君圣贤、忠臣孝子、英雄节烈等崇仰，看似有一定道德教化的社会功能，还有祠主后人彰显孝道、以期获得"举孝廉"的功利目的；"朱鲔石室"和打虎亭墓室画像都是个性鲜明的画家的原创作品，它们的主人都没有选用儒家经典中的内容，也没有彰显孝道和"举孝廉"的功利目的。"朱鲔石室"除了北壁中心柱上的一个羽人，没有西王母和东王公等多余的神话传说，以及明君圣主忠臣孝子的历史典故，也没有后厨宰杀、吹奏乐舞和杂技表演的热闹场面，只有衣冠楚楚、彬彬有礼的主仆和宾客，数量繁多的食器和家具，是一座名副其实的贵族之家奢华的"人间食堂"，在汉画像石中极为罕见。

　　汉画像最常见的题材是"庖厨图"，在墓葬和祠堂中几乎

---

　　①（美）巫鸿著，柳扬、岑河译：《武梁祠——中国古代画像艺术的思想性》，生活·读书·新知三联书店2015年版，第38页。

是必不可少的内容，寓意后人足食供应逝去的先人。济宁师专“郑敖墓”出土的陶瓮上刻有一篇祝祷墓主的长篇文字，文中反复劝慰墓主郑敖要多吃饭，“薄薄恕恕”①，“饭常满”，供给充足，可以放心地多吃，并强调“强饭薄恕，必兴仲（钟）同食”，吃饭时奏乐是必不可少的。“朱鲔石室”的主人显然是从不缺少吃的，无需关心食物的来源，祠主完全不屑于那些不登大雅之堂的屠宰画面，或不忍心看到动物被宰杀的情景，体现了祠主“君子远庖厨”的高雅情操和慈悲心肠。再看打虎亭墓主人的厨房里，烹牛羊、宰大象，杀鸡褫鱼，大开杀戒，比“朱鲔石室”主人庸俗多了。二者相比，他们的出身成长经历，和他们对精神生活的追求可谓大相径庭，打虎亭墓主更贪婪、更残忍，也许因此而走得更远。

第四，从艺术风格上看。武氏诸祠画像故事内容丰富，虽然表现空间局促，但由于每个故事画面都是一个独立的格套，采用的是减地雕刻，图像效果如同剪纸，轮廓清晰，加之有榜题文字，观者读图更为容易，不过缺点是故事琐碎，表达不够自然流畅，千篇一律，缺乏创新。孝堂山石祠虽然也是线条平面雕刻，但基本遵循了传统设计模式和汉画像内容选材，缺点是故事穿插跳跃，不易理解，内部光线昏暗，举火烛又反光，

---

① 宫衍兴释为“薄薄怒怒”，参见宫衍兴编著《济宁全汉碑》，齐鲁书社1990 年版，第 17 页。

不易观瞻。"朱鲔石室"画像则是完全原创的连环叙事性的绘画作品，即一个主题贯穿始终，叙事逻辑较为清晰，众多人物之间的关系明朗，画像采取了"拟绘画"的手法，以刀代笔，使用了罕见的焦点透视法，场景写实感强，比例适当，让人有身临其境之感。但缺点也很明显，由于石室没有窗户，内部光线较暗如同孝堂山石祠，加之线条繁密、布局凌乱，观者难以体验画像的透视感，不能实现预期的观赏效果；如果制作拓片，由于全景画幅太大且有梁柱间隔，只能分片、分块拓制，之后的拼接尤其困难，不易观看到画像全貌，也就无法让没有亲临过现场的观者解读了。打虎亭墓室同是"拟绘画"手法，线条更细，似未完成的作品，因为埋在地下，画工无需考虑观赏用光的问题，发掘数十年来因制作拓片而形成的黑色的"人影"效果，其实并非画工设计之初的本意。打虎亭墓室也像"朱鲔石室"一样，难以展现其原始艺术风貌。

"朱鲔石室"和打虎亭汉墓画像有很多相似处，但与武氏诸祠和孝堂山石祠画像存在着很大不同，这些不同导致"朱鲔石室"长期没有受到学者重视。所谓"绘事后素"①，也许在创作之初，画家的设计稿是加着色彩的。郑岩发现"一些画面边缘处遗留有较明显的白粉残痕"②，怀疑是用作敷彩的地子。由于某种

①　宋元人注：《四书五经》（上），中国书店1985年版，第10页。

②　郑岩：《视觉的盛宴——"朱鲔石室"再观察》，载《美术史研究集刊》第四十一期（2016），第94页。

突发的变故，敷彩最终没有完成。是故全堂画作沉闷，缺乏生气，这是没有引起学者重视和深入研究的主要原因。

鲁迅先生对"朱鲔石室"画像情有独钟，他在日记和书信中多次提到，他已收集到两套"朱鲔石室"的画像拓本，但他发现太过零散，难以搞清配置关系，梦想能得到"一套完整的"全拓本，嘱咐朋友姚克遇见务必替他买下，"庶日可以凑成全图"①。可惜鲁迅先生没有机缘到实地察看祠堂和原石，也没能看到费慰梅摹绘的石室画像线描图，仅凭拓片他的愿望是难以实现的。因为这幅10多米长、2米半多高，分布在11块大石屏上的14个板块、形状不规则的近30幅拓片，极不容易拼合起来观看。傅惜华的《汉代画象全集》收录了27种画像，是一套基本完整的全拓集成；而鲁迅藏"朱鲔石室画像"②收录了至少28种（实收30幅，有重复）画像拓片，比傅惜华的著录还要丰富，更为全面而完整，但他还是无法还原祠堂内的壁画。

研读"朱鲔石室"画像，临摹的线描图不可或缺！今天我们看到的费慰梅的摹绘图，是弥足珍贵的第一手资料"副本"，摹本、拓本与原石互相参看，方可一窥全豹。郑岩近年重新绘制了更加完整细致的石室画像线描图，为更深入的研究大大提

---

① 鲁迅：《鲁迅全集·书信》第十二卷，编号340422"致姚克"，人民文学出版社1981年版，第393页。

② 北京鲁迅博物馆编：《鲁迅藏拓本全集——汉画像卷Ⅰ》，西泠印社出版社2014年版，第242—271页。该书收录30幅朱鲔石室画像，其中有两幅内容重复。

供了方便。打虎亭墓室画像研究也需要这样精密的线描图。

通过分析我们认为，"朱鲔石室"画像不是常见的祠堂祭祀画像（楼阁拜谒图），而是一幅取材于宫廷盛宴、反映现实生活的画卷，与崇尚鬼神的时代风尚大相径庭，倒像是欧洲文艺复兴时期现实主义风格的艺术作品。这样描述性的大型而复杂的绘画雕刻，不会是传统民间艺人或儒雅士人的奇思妙想，而是出自宫廷画工之手。当年的祠主，一定是身份极高、极特殊的某类人，他不仅位高权重，而且与省中少府有着某种特别密切的关系，才有能力动用宫廷画署里的顶尖高手。

1.3 "别开画室"与画室署长

北方有佳人，绝世而独立。

一顾倾人城，再顾倾人国。

宁不知倾城复倾国，佳人难再得。①

李延年歌舞唱出的佳人，让汉武帝听了魂不守舍。但皇帝平时还是看画像而不是听故事，所谓眼见为实。著名的人物画家毛延寿，便是汉元帝时的黄门画者。毛延寿的被杀，从一个侧面反映出宫廷画工技艺的高超，他们有能力画好，却没有画

---

① 刘玉伟、黄硕评注：《玉台新咏》卷一，中华书局 2016 年版，第 56 页。

好。"毛延寿画人，老少美恶，皆得其真"①，他不仅能画出后宫佳丽的外表，而且有能力画出神韵，让画像有呼之欲出的真实感。因为画家们贪图贿赂而没有用心地画出王昭君"不可言传"的一面，才惹来杀身之祸。"画工皆弃市"，"京师画工，于是差稀"②。

此外，陈敞、刘白和龚宽并工牛马，阳望、樊育亦善画，尤善布色，同时在皇家画室里供职③，他们一般不会参与民间祠堂画像创作的。目前所知的汉画像石祠（墓）的主人，俸秩基本都不超过二千石，总体上看，汉画像石还属于中、低层官员和地方豪强、庄园地主的民俗艺术。像武氏诸祠那样精美的画像，也不过是本郡的知名画工和石匠依样画葫芦，与宫廷画工的创作和绘画水平不可同日而语。

《汉书·霍光传》记载，汉武帝"使黄门画者画周公负成王朝诸侯以赐光"，原注："黄门之署，职任亲近，以供天子，百物在焉，故亦有画工。"④《历代名画记·叙画之兴废》记，孝武

①〔唐〕张彦远撰，许逸民校笺：《历代名画记校笺》卷四，中华书局2021年版，第298页。

②〔西汉〕刘歆撰，〔东晋〕葛洪辑：《西京杂记》卷二，中国书店2019年版，第19页。

③〔唐〕张彦远撰，许逸民校笺：《历代名画记校笺》卷四，中华书局2021年版，第297页。

④〔东汉〕班固：《汉书》卷六十八，中华书局1962年版，第2932页。

以降有多位帝王对绘画情有独钟：

> 汉武创置秘阁，以聚图书；汉明雅好丹青，别开画室。
> 又创立鸿都学，以集奇艺，天下之艺云集。[①]

汉明帝雅好丹青，开辟了第二画室——"别开画室"。东汉少府设"黄门署长、画室署长、玉堂署长各一人"[②]，都是四百石的中官。"黄门署长"为西汉以来少府常设机构，掌管宫廷画像；玉堂署长负责与器物制造有关的工艺美术。这两署画工主要是宦者。另外增设一个"画室署长"，且与"黄门署长"同等级别待遇，这样重复的机构设置和人事安排令人费解。我们猜想，这时出现了一个不可回避的大画师宗派。"别开画室"即"画室署长"。

《法苑珠林》记明帝感梦，遣使者往西域求法，将沙门迦叶摩腾等请入洛阳，携回"优填王画释迦像"：

> 帝重之，如梦所见也。乃遣画工图之数本，于南宫清凉台及高阳门显节寿陵上供养。又于白马寺壁画千乘万骑，

① 〔唐〕张彦远撰，许逸民校笺：《历代名画记校笺》卷一，中华书局 2021 年版，第 22 页。

② 〔北宋〕徐天麟：《东汉会要》卷十九，上海古籍出版社 2006 年版，第 285 页。

绕塔三匝之像。①

《高僧传》卷一之"汉雒阳白马寺竺法兰"同记:

> （蔡）愔又于西域得画释迦倚像,是优田王栴檀像师第
> 四作也。既至雒阳,明帝即令画工图写,置清凉台中,及
> 显节陵上。旧像今不复存焉。②

明帝时摄摩腾、竺法兰等来到洛阳,带来了"释迦画像"。
不少学者对此时中国有无佛像持怀疑态度。早在伊存口授《浮
屠经》中已有"相好"的内容③,这恰是绘制浮屠造像所必须遵
循的基本仪轨,至明帝时汉文《浮屠经》传世已经六七十年;
此后又百年,安世高译出《三十二相经》和《八十种好经》④。明
帝当初看到的释迦画像或是画在木板上,除了释迦画像,应该
还有惨烈而悲壮的佛本生故事和配合说法的世俗故事画像,宣

---

①〔唐〕释道世著,周叔迦、苏晋仁校注:《法苑珠林校注》卷十三,中华
书局 2003 年版,第 445 页。

②〔南朝梁〕释慧皎撰,汤用彤校注,汤一玄整理:《高僧传》卷一,中华
书局 1992 年版,第 3 页。

③ 方广锠:《〈浮屠经〉考》,载《法音》1998 年第 6 期。

④〔南朝梁〕释僧祐撰,苏晋仁、萧錬子点校:《出三藏记集》卷三,中华
书局 1995 年版,第 99 页。

讲因果,直观而形象生动。宫中不乏专职的画工,故明帝令画工临摹图画,广为散布。其中一处是图写在显节陵上的,不由让人想起孔望山上雕刻的画像,是不是这种性质的墓冢佛画的遗绪。

"别开画室"的画者,或有从西域来华的佛教僧侣,或有出使月氏临摹释迦画像的受到佛教熏陶的宫廷画工,他们返回洛阳后,在白马寺的粉壁上绘制了巨幅壁画"千乘万骑绕塔三匝图"。这种大型的佛教壁画在汉地前无古人,是伴随"永平求法"传入的一种异域风格的绘画技法。

宫廷里的黄门绘画与异域舶来的僧侣绘画有所不同。新设画室里的画工们多是僧侣和居士(桑门和伊蒲塞),他们是一个整体团队,能够配合完成一些巨幅的、繁复的美术作品,具有全新的不入儒流的绘画技法,与正统的熟习儒家经典的黄门画工格格不入,皇帝却欣赏这些非主流的画工和他们令人耳目一新的画作,而他们又非宦者,故永平年间"别开画室",其"画室署长"代表一股外来宗教的新鲜血液,延续发展了100多年,不断接纳西来的僧侣画家,自成一派,是汉末鸿都门学的滥觞。

宫廷画工首先都擅长人物画像。绘画后宫佳丽,表彰功臣,是他们的主要职事。《汉书·苏武传》记载,甘露三年(前51):

上思股肱之美,乃图画其人于麒麟阁,法其形貌,署其官爵姓名。①

这是宣帝用来表彰前代功臣。麒麟阁画像里还有霍光、赵充国、魏相、丙吉等十一人的画像，都有榜题。这些画像应该不是刻在石头上，而是绘制在缣帛或漆屏上，施以重彩，然后并列摆放在麒麟阁。

《文选》录有范晔的"《后汉书》二十八将传论一首"，论曰：

> 永平中，显宗追感前世功臣，显宗，明帝。乃图画二十八将于南宫云台。其外又有王常、李通、窦融、卓茂……合三十二人。②

"云台二十八将图像"是"麒麟阁十一功臣画像"的继承与发展。明帝应该是让"画室署长"图画了二十八将，是在云台阁的粉壁上绘制的"英雄群像"，创作这样大型的群像，画工除了具备深厚的绘画功底，还需要一位具有整体控制能力的总设计师，分工合作，统筹兼顾。

前已言之，我们今天看到的大部分汉画像石，不能代表那

① 〔东汉〕班固：《汉书》卷五十四，中华书局1962年版，第2468页。

② 〔南朝梁〕萧统编，〔唐〕李善注：《文选》卷五十，中华书局1977年版，第697—698页。

个时代的最高绘画水平。宫廷画工才是当时的一流画家，他们的精品画作才能代表那个时代的最高水平。可惜他们只为皇家御用，不能随便外出绘画，少见其作品传世，故今天我们称之为"非主流"。

宫廷画工是否参与过画像石的创作，学者一直找不到可靠的证据。综合分析"朱鲔石室"画像所透露的信息，似乎把石室的设计师和画工都指向这个特殊的群体，即宫廷画工，具体地讲是宫廷里别开的"第二画室"的画室署长。"朱鲔石室"画像是"画室署长"这位外来的非儒者亲自设计并参与绘画的大型作品。

从画像石的制作上看，民间的画工良匠有着长期积累的宝贵的实践经验，这是宫廷画工所缺少的。如在狭小的空间里如何选取适当的素材和制作工艺，在光线不足的情况下如何表现立体感等。而宫廷画工是不屑向民间艺人学习讨教的，这在"朱鲔石室"的设计上表现突出，宫廷画工没有借鉴当时画像石祠堂约定俗成的内容选材，也没有吸收用减地浮雕技艺体现立体效果的经验做法，而是充满自信地刻画出他们司空见惯的"宫廷盛宴"，用自己擅长的"透视"技巧表现立体感，扩大石室和石门以弥补观赏光线的不足；为了减少复杂凌乱的线条，简化掉许多细枝末节，如取消了漆屏上的装饰绘画，器物基本都是素面，不画或简化纹饰，大量出现的直颈壶并非当时常见的"生器"，也是为了弱化那些"淳金扣器"的附属器物的

存在,重在强调人物动感,甚至大胆地突破围屏、模糊床榻与
食案之间的界限,跨越空间设计,以便更好地表现主次关系和
人物个性风采。研究"朱鲔石室"画像,除了打虎亭汉墓[1],很
难再找到与之相类似的汉画像作参照。可惜费慰梅当年没有看
到打虎亭汉画像石,她把"朱鲔石室"画像"难以解释的现代"
特征看作理解汉代艺术的"结构性的钥匙"[2]。

那么,是谁有这样大的权势和面子,能请动"画室署长"
那种特立独行的个性画家呢?

1.4 侯览家世与"党锢之祸"

《后汉书·宦者列传》[3]记载:侯览(?—172),山阳郡防东
人,是东汉末年著名的大宦官,主要活动在桓帝和灵帝当政的
初期。

侯览的祖籍防东县,在今天金乡县西南部与单县交界处,
距曲阜约100公里。侯览离家净身入宫,在尊儒术、重孝道的
时代大背景下,他已失去死后埋进防东侯氏祖茔的资格,故在
他的封国,故乡毗邻的东缗县西自选墓地,预作寿藏。寿藏不

---

① 从密县打虎亭汉墓画像风格上看,也应该有宫廷画工的参与。笔者认为墓
葬是东汉末年"十常侍"张让的预作寿藏,两墓祠的主人身份相类,绘画年代相近,
艺术风格最相似。参见河南省文物研究所编《密县打虎亭汉墓》,文物出版社1993
年版。

② 郑岩:《视觉的盛宴——"朱鲔石室"再观察》,载《美术史研究集刊》
第四十一期(2016),第68页注。

③〔南朝宋〕范晔:《后汉书》卷七十八,中华书局1965年版,第2522—2524页。

建在故乡并非孤例，太常赵岐生前"自为寿藏"在荆州古郢城（今湖北江陵东南），距离他的家乡京兆长陵（今陕西咸阳东）有千里之遥。[①]

汉代有不少立"生祠"的记载，生祠是为活着的人修建的祠堂。史载：汉文帝时，栾布为燕相，燕齐之间皆为栾布立社，号曰"栾公社"[②]；武帝时，石庆出为齐相，齐人为立"石相祠"[③]；宣、元间丞相于定国，他的父亲于公曾为县狱史，执法公正，郡中为之立生祠，号曰"于公祠"[④]；等等。诸如此类的生祠，多为乡民为表达对地方官善政的感戴和人品的敬仰之情，自发建造的用于礼拜和聚会的独立的"祠堂"，具有开放的公共空间功能。预作寿藏则不同，它的核心工程是营造墓冢，属于私密空间。侯览的寿藏则是一片大型的园林式建筑群，包括墓室、祠堂、墓碑和双阙等附属建筑物，在当时也是比较罕见的。

宦者的身后是凄凉的，预作寿藏即为自己死后做准备，祈求来世不仅荣华富贵，而且子孙满堂，享受天伦之乐，后嗣有人。侯氏是防东大族，同是防东人、曾任金乡守长的侯成，与

① 〔南朝宋〕范晔：《后汉书》卷六十四，中华书局1965年版，第2124页。

② 〔西汉〕司马迁：《史记》卷一百，中华书局1959年版，第2734页。

③ 〔东汉〕班固：《汉书》卷四十六，中华书局1962年版，第2197页。

④ 〔东汉〕班固：《汉书》卷七十一，中华书局1962年版，第3041页。

侯览是同族且同时代。

侯成有墓碑，今已佚，《济宁直隶州志》"艺文志"录有碑刻全文。据碑文，侯成字伯盛，山阳防东人，历任主簿、督邮、五官掾、功曹和金乡守长，建宁二年（169）四月遭疾卒，碑文末记其夫人于延熹七年（164）疾终等字。[①]

赵明诚《金石录》对碑文追溯祖先的内容提出疑义，如碑文记载侯公曾孙侯酺封明统侯，"《汉书·功臣表》亦不载，不知碑何所据也"[②]；洪适《隶释》也多有批评：

> 侯君名成，山阳人，守金乡长，以灵帝建宁二年卒。碑云：侯公济太上皇于鸿沟，谥曰安国君；光武中兴，霸为临淮太守，从定天下，拜执法右刺奸、五威司命、大司徒，封於陵侯。按《高帝纪》，侯公归太公封为平国君，非谥安国也；《侯霸传》云，五威司命陈崇举霸德行，迁随宰，再迁执法刺奸，后为淮平大尹……[③]

"五威司命""淮平大尹""执法刺奸"等，都是"王莽改

① 宫衍兴编著《济宁全汉碑》第三章佚失碑刻之"金乡长侯成碑"，齐鲁书社 1990 年版，第 123—124 页。

②〔北宋〕赵明诚：《金石录》卷十六，上海古籍出版社 2020 年版，第 389—391 页。

③〔南宋〕洪适：《隶释　隶续》卷八，中华书局 1986 年版，第 93 页。

制"时使用的官名，东汉建立后已经恢复西汉的旧称，不再使用。显然，这是一通错误百出的碑文，撰写者罔顾事实，夸大吹嘘侯成的光荣家族史。当然无论是谁撰写的，都是主人家授意或默许的，而且是他们整个家族的时代共识。从侯霸到侯览和侯成已经过了130多年，侯氏族人仍不忘这位泽被后世的先祖，刻诸石碑，以炫耀当世、流芳后代。

侯成碑立于建宁二年（169），差不多与侯览重修寿藏在同一个时间。侯览与侯成同族，侯览若为父母立碑，或为自己预作的寿藏立碑，一定也是这样书写他们共同的祖先，显示出他们的狂妄和无知。尽管我们更加尊重历史事实，但其"家族共识"在当时也是历史真实，不容忽视。侯览向他同时代的人宣示，他们祖上曾是帮助光武帝打天下并定天下的大功臣。

包华石在谈到文人在墓祠设计中扮演的角色时，认为是赞助者影响了墓碑的设计方案，"亡者的家人、下级或同僚在碑文中纪念逝者的同时也以大量篇幅讲述自身"[1]，赞助人群体介入了墓祠的设计。预作寿藏的赞助人则是祠主本人，碑文与画像有着一样的逻辑关系，慎终追远、回顾过往、关照现实，然后署名画押，因此始终反映的是祠主个人的意志。

侯览的兄长侯参曾任益州太守；侯成卒年八十一岁，他的

---

① （美）包华石著，黄丽莎译：《包华石中国艺术史文集　风格与话语》，浙江人民美术出版社 2023 年版，第 69 页。

兄长还是上党太守。可见防东侯氏是一个庞大的家族官宦利益集团。

自汉初侯公封侯，侯氏历代显赫，时跨两汉，实属世家大族。防东侯氏自称是侯霸后人的一支。而侯霸的仕宦生涯与他的族父"大常侍"侯渊脱不了干系。本传记：

> 侯霸字君房，河南密人也。族父渊，以宦者有才辩，任职元帝时，佐石显等领中书，号曰大常侍。成帝时，任霸为太子舍人。①

侯渊在元帝时，辅佐石显等领中书事不见载于《石显传》。史载石显"为人巧慧习事，能探得人主微指，内深贼，持诡辩以中伤人，忤恨睚眦，辄被以危法"②。成帝继位，石显即被免除职务，同时他的亲信和提拔重用的人也都被免职。佐石显等领中书的"大常侍"侯渊，这时还没有受到牵连，就在成帝继位后，他的族侄，很可能是他领养的"螟蛉子"，年幼的侯霸成了名义上的"太子舍人"。

太子舍人专司太子宿卫，就是太子的玩伴，是个前途不可限量的职事，一般都是由公卿大臣中品行高尚的子弟担当。成

① 〔南朝宋〕范晔：《后汉书》卷二十六，中华书局 1965 年版，第 901 页。
② 〔东汉〕班固：《汉书》卷九十三，中华书局 1962 年版，第 3726 页。

帝继位之初尚无子嗣,"太子舍人"只能是一个虚职。侯霸此时还是个顽童,但他因此有机会接触并熟习宫禁制度,这是后来光武帝重用他的原因之一。不久后侯渊也受到皇帝的猜忌,被迫携侯霸一起离开宫禁。直到王莽建立新朝后,侯霸方才受到重用,先后出任随县令、执法刺奸和淮平大尹,到光武帝起用其为尚书令时,他已经60多岁了。侯渊深谙宫廷斗争规则,为侯览毕生所效法。

侯霸自离任太子舍人至新莽时再度入仕,其间40多年没有仕宦经历的记载。他曾师从九江太守房元,治《穀梁春秋》,从而成为侯氏家学渊源("侯成碑"也有"治《春秋经》语")。又曾师"从钟宁君受律"①。颍川钟宁君于元始三年(3)由尚书令迁大理②,熟习刑律,另据颍川钟皓"为郡著姓,世善刑律"③的记载,可知侯霸也是熟习刑律的。侯霸后为大司徒,谥则乡哀侯,子昱封於陵侯,昱卒,子建嗣;建卒,子昌嗣。侯霸家在密县,四世袭封侯爵,应该与防东的侯览家族关系不大。

侯霸任职大司徒九年,他的门生故吏众多,著名者如"强项令"董宣。向他学习讨教的也有当世重臣,他应该与朱鲔有过密切的交往,朱鲔比他小约30岁,属于晚辈,朱鲔担任少府

① 〔南朝宋〕范晔:《后汉书》卷二十六,中华书局1965年版,第901页。

② 〔东汉〕班固:《汉书》卷十九下,中华书局1962年版,第3726页。

③ 〔南朝宋〕范晔:《后汉书》卷六十二,中华书局1965年版,第2064页。

卿之初，前朝宫禁旧典不存，他出身绿林，又没有旧制，实在没有能力管理宫室。侯霸既年长，此时又是朱鲔的"首长"，朱鲔拜侯霸为师，遇事向他讨教，顺理成章。

《后汉书·侯览传》记载，桓帝继位之初，侯览即任中常侍。延熹年间，侯览上缣五千匹，赐关内侯（有爵号、无食邑，不可世袭）；又托以与议诛梁冀功，侯览很快又晋封为"高乡侯"。

所谓"托以与议诛梁冀功"，托词太牵强。延熹二年（159）与桓帝议诛梁冀的单超等五人，是与梁冀"有隙"的宦官，事后均封县侯；另外参与政变的尚书令尹勋等七人，都被封为亭侯（爵位在乡侯之下）。侯览没有参与，自然谈不上有什么功劳。相反，侯览和曹节等宦官与梁冀父子一向交好[1]，只是事后转舵快、及时划清界线而已。史家评价侯览"以佞滑进"不诬。

西汉宣帝时曾置高乡侯国，治今山东莒南，后汉省[2]。东汉时已没有高乡侯国，侯览封邑之"高乡"非县（国）名。按汉制十里一乡（亭），东缗县地近山阳郡治的昌邑，地接防东县，侯览在此一带置办了大量的土地和家产，故推测侯览之封是属于山阳郡的防东县或东缗县的一乡之侯。虽然食邑只有一乡，有

① 〔南朝宋〕范晔：《后汉书》卷三十四，中华书局1965年版，第1175页。
② 谭其骧主编，周振鹤、张莉编著：《汉书地理志汇释》（增订本），凤凰出版社2021年版，第601页。

的大乡也有五千户之多，食租堪比县（国）侯且爵位可以世袭。钱大昕考证，侯览封侯的"高乡即防东之乡，故传称'防东乡侯'"①；万斯同则认为，侯览先封乡侯、后进为"东阳侯"②。"东阳"或为"东缗"之讹。

小黄门段珪家在济阴，与侯览并立田业，靠近济北界，仆从宾客侵犯百姓，劫掠行旅。济北相滕延一概收捕，杀数十宾客，陈尸路衢。滕延，北海人，曾在济北国为相，不由让人联想到酷吏董宣，滕延是董宣的追随者。儒士官僚集团打击宦官毫不手软，宦官亲近皇帝，有更多的机会影响皇帝，事后往往是官员落得被免职、入狱、流放直到被杀的下场。传记"览、珪大怨，以事诉帝，延坐多杀无辜，征诣廷尉"。

侯览等得到皇帝的庇护，更加放纵。侯览的兄长侯参为益州刺史，民有丰富者，辄诬以大逆，皆诛灭之，没入财物，前后累亿计。太尉杨秉奏罢侯参，派槛车征，侯参害怕，于道中自杀。京兆尹袁逢在旅舍看到查抄的侯参的车辆有三百多辆，皆金银锦帛珍玩，不可胜数。侯览因此而坐免，但不久又官复原职，仍然受到皇帝的宠信和重用。

《资治通鉴》记载，延熹九年（166）：

---

① 〔南朝宋〕范晔：《后汉书》卷四十五，中华书局1965年版，第1542页。

② 〔清〕万斯同：《东汉宦者侯表》，见〔南宋〕熊方等撰、刘祜仁点校《后汉书三国志补表三十种》，中华书局1984年版，第497页。

　　山阳太守翟超，以郡人张俭为东部督邮。侯览家在防东，残暴百姓；览丧母还家，大起茔冢。俭举奏览罪，而览伺候遮截，章竟不上。俭遂破览冢宅，藉没资财，具奏其状，复不得御。①

侯览最初预作寿藏，应该在延熹九年（166）之前。《后汉书·宦者列传》记载：

　　建宁二年，丧母还家，大起茔冢。督邮张俭因举奏览贪侈奢纵，前后请夺人宅三百八十一所，田百一十八顷。起立第宅十有六区，皆有高楼池苑，堂阁相望，饰以绮画丹漆之属，制度重深，僭类宫省。又豫作寿冢，石椁双阙，高庑百尺，破人居室，发掘坟墓。虏夺良人，妻略妇子，及诸罪衅，请诛之。而览伺候遮截，章竟不上。俭遂破览冢宅，藉没资财，具言罪状。又奏览母生时交通宾客，干乱郡国。复不得御。览遂诬俭为钩党，及故长乐少府李膺、太仆杜密等，皆夷灭之。遂代曹节领长乐太仆。②

这段记载有些混乱。建宁二年（169）兴起"党锢之狱"，叙

① 〔北宋〕司马光：《资治通鉴》卷五十五，中华书局1956年版，第1789页。
② 〔南朝宋〕范晔：《后汉书》卷七十八，中华书局1965年版，第2523页。

述始末时误把侯览"丧母还家"前事列入本年；所谓"前后请夺人宅三百八十一所，田百一十八顷"云，当指更早时与段珪共立田业侵入济北界，宾客遭到济北相滕延严厉打击的旧事，《资治通鉴》记其事发生在延熹三年（160）；"起立第宅十有六区，皆有高楼池苑，堂阁相望，饰以绮画丹漆之属，制度重深，僭类宫省"，似指侯览在洛阳和防东老家所为；最后提到"又豫作寿冢，石椁双阙，高庑百尺"等，即指侯览封地所在的高乡（或东缗乡）的预作寿藏。史评侯览"倚势贪放"不诬。

预作寿藏是侯览生时为自己死后所做的准备：选择墓冢、设计祠堂和双阙，树立石碑，让后人祭祀和瞻仰。宦官一般没有子嗣，故多领有养子。他们期望来生继续享受荣华富贵，妻妾成群、多子多孙。寄希望于"来世"，应该是受到佛教思想的影响。

《两汉纪》载：延熹九年（166）六月，张俭上书告发侯览不轨。与《后汉书》不同处是，俭竟怒杀其母：

　　俭举劾中常侍侯览前后请夺民田三百余顷，第舍十六区，皆高楼，四周连阁，洞殿驰道周旋，类于宫省，豫作寿冢石椁，双阙高十余丈，以准陵庙；破人家居，发掘冢墓，及虏掠良人妻妇女，皆应没入。俭比上书，为览所遮截，卒不得上。俭行步至平陵，逢览母乘轩，道从盈衢。

俭官属呵，不避路。俭按剑怒曰："何等女子干督（邮），此非贼邪！"使吏卒收览母杀之，追擒览家属、宾客，死者百余人，皆僵尸道路。伐其园宅，并堙木刊，鸡犬器物，悉无余类。①

张俭因为上书屡被侯览拦截，怒杀其母，不见于其他史料，但颇具酷吏做事风格，略备一说。侯览先后侵夺民宅田舍极为广大，已出防东、东缗县界，跨任城国和东平国，直达泰山脚下的济北国界。杀死宾客，"皆僵尸道路"，或为济北相滕延旧案，不似张俭所为。

《后汉书·党锢列传》记侯览指使朱并诬告张俭，事在建宁二年（169）：

乡人朱并，素性佞邪，为俭所弃，并怀怨恚，遂上书告俭与同郡二十四人为党，于是刊章讨捕。俭得亡命，困迫遁走，望门投止，莫不重其名行，破家相容……其所经历，伏重诛者以十数，宗亲并皆殄灭，郡县为之残破。②

①〔东汉〕荀悦、〔东晋〕袁宏撰，张烈点校：《两汉纪》卷二十二，中华书局2017年版，第355页。

②〔南朝宋〕范晔：《后汉书》卷六十七，中华书局1965年版，第2210页。

张俭与朱并是同乡，都是山阳高平人。侯览为报私仇，利用二人的矛盾，制造了东汉历史上骇人听闻的第二次"党锢之祸"。朱并从此投在侯览门下，成了他忠实的打击异己、制造冤狱的鹰犬。

朱并，姓朱名并，很可能字"长舒"。东方朔有"冰炭不可以相并兮，吾固知乎命之不长"①的辞句，反其意而用之——冰炭"并"之，命则"长"舒。《说文》："舒，伸也。"观其所为，人如其名！

《后汉书·孝灵帝纪》记"党锢之狱"。建宁二年（169）十月：

> 中常侍侯览讽有司奏前司空虞放、太仆杜密、长乐少府李膺、司隶校尉朱寓、颍川太守巴肃、沛相荀昱、河内太守魏朗、山阳太守翟超皆为钩党，下狱，死者百余人，妻子徙边，诸附从者锢及五属。制诏州郡大举钩党，于是天下豪杰及儒学行义者，一切结为党人。②

《资治通鉴》记，大长秋曹节请求皇帝下达禁锢党人的

---

①〔西汉〕东方朔：《怨思》，见〔清〕严可均辑、任雪芳审订《全汉文》卷二十五，商务印书馆 1999 年版，第 251 页。

②〔南朝宋〕范晔：《后汉书》卷八，中华书局 1965 年版，第 330—331 页。

诏令：

> 是时上年十四，问节等曰："何以为钩党？"对曰："钩党者，即党人也。"上曰："党人何用为恶而欲诛之邪？"对曰："皆相举群辈，欲为不轨。"上曰："不轨欲如何？"对曰："图谋社稷。"上乃可其奏。①

《酷吏列传》有"张俭剖曹节之墓"②一语。按《党锢列传》，中平元年（184）党锢解禁后，张俭即还乡里高平县，"大将军、三公并辟，又举敦朴，公车特征，起家拜少府，皆不就"。此时张俭已在塞外度过了十五年的流亡生涯，其间或有机会接触到西域佛教，当年的出逃望门投止，"其所经历，伏重诛者以十数，宗亲并皆殄灭，郡县为之残破"③，时人指责他牵连无辜，他还心有余悸，不再是当年那个血气方刚疾恶如仇的酷吏，虽然不得已短暂出仕过卫尉，但很快辞官还乡，阖门悬车，不豫政事。张俭剖开的不会是曹节墓，还是捣毁侯览寿藏的往事。范晔记载有误。

---

① 〔北宋〕司马光：《资治通鉴》卷五十六，中华书局 1956 年版，第 1818—1819 页。

② 〔南朝宋〕范晔：《后汉书》卷七十七，中华书局 1965 年版，第 2488 页。

③ 〔南朝宋〕范晔：《后汉书》卷六十七，中华书局 1965 年版，第 2210 页。

石室画像所反映的内容，应该是小皇帝刘宏夜访中常侍侯览的私第外宅，时间发生在"党锢之狱"爆发后的次月，即建宁二年（169）的十一月冬节。此时，侯览接替曹节，升任长乐太仆。

1.5 安世高与桓帝祭祀黄老浮屠

就在"党锢之狱"发生前的延熹九年（166），宦官与官僚集团的斗争如火如荼，山雨欲来，乌云压城。有一位家住平原县的方士襄楷，上疏桓帝，说天地吉凶祸福，间接讽谏。其中提到一件宫中秘事：

> 又闻宫中立黄老、浮屠之祠，此道清虚，贵尚无为，好生恶杀，省欲去奢。①

这是正史上第一次提到宫里供养佛陀（浮屠），因此备受学者重视。自永平求法到宫中立祠，佛教进入中国已经100多年。学界一直试图寻找到佛教最初在汉地传播的清晰脉络，遗憾的是，这样的谱系似是而非真伪难辨。何以如此呢？

考察佛教最初在西域的传播就能发现，作为一种外来宗教，能适应它生长的土壤是极其贫瘠的，生存环境极端恶劣。我们今天所了解的早期西域佛教的情况，主要是从汉地求法僧人的

---

① 〔北宋〕司马光：《资治通鉴》卷五十五，中华书局1956年版，第1792页。

笔下获知的。事实却是，佛教从来没有以一种强势的姿态独霸西域，西域一直同时并存着多种宗教，如巫教、祆教、摩尼教、耆那教、景教等，而且传入西域的佛教大都是从犍陀罗地区改造过的，甚至是犍陀罗地区的僧侣自主"创作"出来的。西域流行的宗教大都以各种渠道先后传入汉地，有的生存下来，有的不适应新的土壤和新的环境，自然消亡了。

佛教传入汉地后，也经历了在西域落地时同样的艰难。若要生存，首先要装扮成主流价值观的附庸，同时施展自身的"神通"，渐渐侵入到统治阶级的上层，润物无声，站稳脚跟，再图发展壮大。其他外来的宗教，也都或多或少地影响了本土文化。在汉画像石上，很多奇怪的图像符号令人无法索解。我们深信，在桓灵之际，一定有一股暗流涌动的多元文化碰撞出来的新思潮，才让汉画像石和碑刻艺术达到一个前所未有的巅峰。

我们无法梳理出一个清晰的最初佛教传入的脉络，汉画像石上偶尔出现的疑似佛教内容的画像，如滕州、济宁任城等地先后出土过数块"六牙象"画像石[①]，都是胡人驯象的内容，只有世俗性而没有神圣性。这些六牙神象肯定受到外来宗教的影

---

① 傅惜华、陈志农编辑，陈志农绘图，陈沛箴整理：《山东汉画像石汇编》之"滕县残画像（其一）"，山东画报出版社 2012 年版，第 114 页；山东省博物馆、山东省文物考古研究所编：《山东汉画像石选集》之"滕县龙阳店画象石"，图版115，齐鲁书社 1982 年版。

图 2-8 滕县（今滕州）龙阳店画像石

图 2-9 滕县（今滕州）残画像石

响，却难以与佛传故事里"白象入胎"的圣象联系起来。（图2-8、图2-9、图2-10）

四川乐山麻浩一号崖墓和山东沂南汉墓八角立柱上的"佛像"，都出现了头光；山东曲阜孔庙收藏的、早年出自微山两城山的汉画像石上，有疑似菩提树下"觉悟成佛"（图2-11），和"鬼子母"的佛经故事；江苏连云港孔望山上的圣像有施无畏手印和跏趺坐姿，还有疑是大型"涅槃图"。季羡林指出，"当佛教传入中国时，正是谶纬之学盛行的时候"，"佛教也纯为一种祭祀，它的学说就是鬼神报应"[①]。这个时期的佛像，就像佛教经典一样，都具有佛道同流的"中国特色"，故看起来感觉似是而非，疑点重重。

---

①〔唐〕玄奘、辩机原著，季羡林等校注：《大唐西域记校注》，中华书局1985年版，第16—17页。

图 2-10 济宁城南张（亢父故城）画像石

图 2-11 微山两城山汉画像石

在史书的字里行间，也能找到佛教思想对士人言行的影响，所谓早期的"士大夫佛教"。如延熹八年（165）五月，太尉杨秉薨：

> 秉为人，清白寡欲，尝称："我有三不惑：酒、色、财也。"①

再如跋扈将军梁冀，"起兔苑于河南城西，经互数十里，移檄所在调发生兔，刻其毛以为识，人有犯者，罪至死刑"②。且不论梁冀是否凶残，单看"兔苑"的设置，或许受到佛教护生思想的影响，有放生还愿的心理寄托。

沙畹曾在一枚汉画像石上发现一列榜题："此上人马皆食犬食。急急如律令。"认为榜题似在评论上一层画面上捕杀动物的猎人，诅咒那些以打猎取乐的人同样是吃狗粮的畜生，把打猎看作罪恶行径或许也是受佛教护生思想的影响。汉画像石上最常见"此上人马皆食大仓"的题记，会不会沙畹把"大仓"误认作"犬食"了呢？对比研究发现，此句后加"急急如律令"者仅此一见，从语气上也似痛恨猎杀者，诅咒他们马上遭到报应、来世做狗。故沙畹辨识出这样的文字（犬食），还是大出意

---

① 〔北宋〕司马光：《资治通鉴》卷五十五，中华书局 1956 年版，第 1780 页。

② 〔北宋〕司马光：《资治通鉴》卷五十三，中华书局 1956 年版，第 1718 页。

外,"读来让人感到吃惊"①。(图2-12)

同是这块画像石,它的右下方有一对巨大的重楼望阙,下有关隘大门,画像上榜题"撼(函)谷关东门"。传说老子西出函谷关,应该是从西门走向关外的。此图一队车马正从函谷关东门驰过,是否意味着老子化胡、佛教东来?或与上层"食犬食"的咒语相呼应,画工或石工表达了对佛教的接受和理解,可一窥佛教对当时世俗社会的渗透状况。

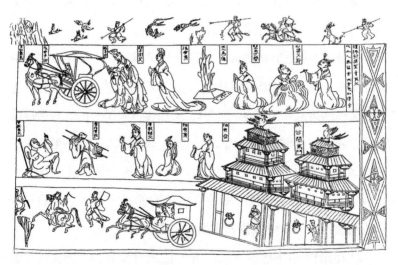

图 2-12 沙畹所绘线描图

史载汉桓帝多次参加祭祀黄老、浮屠的活动。延熹八年

---

① (法)沙畹著,袁俊生译:《华北考古记》,中国画报出版社2020年版,第207页。

（165）"春正月，遣中常侍左悺之苦县祠老子"；同年十一月，
又"使中常侍管霸之苦县，祠老子"。延熹九年（166）庚午，桓
帝亲于濯龙宫祠老子：

> 上亲祠老子于濯龙宫，以文罽为坛饰，淳金扣器，设
> 华盖之坐，用郊天乐。①

濯龙宫位于洛阳北宫，有濯龙池。同一年，平原术士襄楷
上书中提到宫中立黄老浮屠之祠。

自公元1世纪出现佛像，佛教又称"像教"，它既有深奥抽
象的义理，又有生动具体的形象。赖永海等认为，"佛教艺术与
佛教义理的传入并不完全同步"②，佛像传入要早一些。黄老浮屠
共祠，正是汉传佛教的"中国特色"。佛教入华100多年后才进
入宫禁，被皇帝接受，一定存在某些具足的因缘，其中几个主
要因素不可忽视：一位外来的有影响力的高僧和他主导的一套
传教的法门、一群虔诚供养僧团的高端信众。

就在汉桓帝登基后不久，有一位来自安息国（帕提亚）的
高僧进入洛阳。他就是汉地最早的译经师安世高。《高僧传》卷

---

① 〔北宋〕司马光：《资治通鉴》卷五十五，中华书局1956年版，第1787页。

② 赖永海、王月清主编：《中国佛教艺术史》，南京大学出版社2017年版，
第1页。

一记：

> 安清字世高，安息国王正后之太子也。幼以孝行见称，
> 加又志业聪敏，克意好学，外国典籍及七曜五行医方异术，
> 乃至鸟兽之声，无不综达。①

近年来围绕安世高的研究从多个领域展开，哲学、历史、文字学和语言学等研究方法均在早期汉译佛经研究领域得以成熟地运用，国内外有关安世高的研究新成果频出。关于安世高的太子身份和流亡生涯，有这样一种说法：

安世高入华与罗马和帕提亚签署的《郎戴亚和约》有关②。公元114年，罗马皇帝图拉真以帕提亚违反和约为由，发动了对帕提亚的战争。这时，帕提亚王子、亚美尼亚国王帕塔马西里斯，就是安世高，被迫摘下王冠，离开他的祖国，图拉真派了一支罗马骑兵卫队"护送"他以防不测（政变）。安世高和他的最忠诚的近臣，在罗马骑兵的监护下，开始了流亡生涯。他们先后到达贵霜帝国和西域诸国，在这些地区的活动长达30年之久。

---

① 〔南朝梁〕释慧皎撰，汤用彤校注，汤一玄整理：《高僧传》卷一，中华书局1992年版，第4页。

② 亓佩成：《〈郎戴亚和约〉与安世高身份之谜解析》，载《外国问题研究》2021年第2期。

彼时贵霜帝国的第三代君主迦腻色伽王在位。迦腻色伽王信奉佛教，在佛教史上，他与阿育王齐名，他继承了前代所吸收的希腊艺术，在他统治中心的犍陀罗地区创造出最早的佛陀造像。在葱岭以东，西域长史班勇正在经营西域，东汉恢复了对西域诸国的控制，政局稳定，贵霜与东汉也恢复了正常的贸易交通。安世高就是在这样的国际大背景下，辗转西域，来到洛阳。紧跟其后的是月支人、著名大乘译经僧支娄迦谶。

当时的欧亚大陆同时并存着四大帝国：罗马、帕提亚（安息）、贵霜和汉帝国。罗马继承了古希腊艺术传统，有着高度发达的美术、建筑、哲学和宗教艺术。那支护送安世高的罗马骑兵里可能有人随同来华。

庞贝古城是罗马艺术的活化石，让我们看到与东汉并存的西方文明，在壁画和建筑雕塑艺术领域所达到的高度，令人叹为观止。罗马皇帝图拉真侵入亚美尼亚，逼迫安世高退位离开帕提亚时，庞贝古城才消失30多年。发掘出来的壁画作品代表了公元1世纪的希腊—罗马艺术水准。

安世高是"不请自来"的外国传教者，他到达洛阳后，一定希望进入到皇宫取得皇帝的信任和支持，先得到立足的机会，从而翻译佛经、弘扬佛法，也许他只想短暂逗留，或者说他没有奢望能长久居住下来。按本传，安世高"宣经事毕，值灵帝之末，关雒扰乱，乃振锡江南"①，实指灵帝之殁，董卓之乱，安世高实际居住在洛阳的时间长达40年之久（一说20多年）②。

安世高和他带领的庞大的僧团是由谁来供养的？《宦者列传》记载：

> 又小黄门甘陵吴伉，善为风角，博达有奉公称。知不得用，常托病还寺舍，从容养志云。③

这里的"寺舍"如果理解为"官舍"就没有必要说"常托病还"了，当指僧团居住在洛阳城的"精舍"，原是宦官的外宅。

《周礼·天官》有寺人之官，著名者如"寺人孟子"④、"寺人貂"⑤和"寺人勃鞮（披）"⑥等，寺人外宅即"寺舍"，汉时因常

① 〔南朝梁〕释慧皎撰，汤用彤校注，汤一玄整理：《高僧传》卷一，中华书局1992年版，第5页。

② （荷）许理和著，李四龙、裴勇等译：《佛教征服中国：佛教在中国中古早期的传播与适应》，江苏人民出版社2018年版，第44页。

③ 〔南朝宋〕范晔：《后汉书》卷七十八，中华书局1965年版，第2533—2534页。

④ 宋元人注：《四书五经》（中），中国书店1985年版，第98—99页。

⑤ 杨伯峻编著：《春秋左传注》，中华书局1981年版，第283页。

⑥ 杨伯峻编著：《春秋左传注》，中华书局1981年版，第436页。

安僧而成为"修行场所"的代称，或此为佛"寺"①的词源。安世高最初宣讲观心禅定的法门，那里正是吴伉的精神家园。宦官应该是最早的居家修行者和僧团赞助人。

宦官在佛教初传汉地时期起到了无可替代的积极作用。因为宦官有这样的财力和愿望，供养庞大的僧团长期安居在洛阳从事译经布道；世族官僚是儒家的守护者和代言人，他们失势和遭禁锢后，宦官才有机会引领安世高入宫。

来自安息国的商人安玄，于灵帝末"游贾洛阳，有功，号骑都尉"②。他很可能是走宦官的门路，通过"西邸卖官"③取得功名——骑都尉是比二千石的高级郎官，乃皇帝近侍。④像安玄这种外来的商人佛教徒，进入到宫禁者怕是非止他一人，他们都影响着皇帝。可惜灵帝崩逝后宦官全部被杀，安世高等外来僧侣失去了皇权的庇护和宦官的供养，董卓、王允和袁绍等都在清算宦党，就在此时支娄迦谶也下落不明了，僧团遭到破坏，

---

① 许理和分析"寺"的词源时引用马伯乐的观点，即或祠的通假、或源于"鸿胪寺"，尽管解释都不尽满意，认为之外很难发现"寺"字从其他方面可能产生"修行道场"的意思。参见（荷）许理和著，李四龙、裴勇等译《佛教征服中国：佛教在中国中古早期的传播与适应》，江苏人民出版社 2018 年版，第 51 页。

②〔南朝梁〕释僧祐撰，苏晋仁、萧錬子点校：《出三藏记集》卷十三，中华书局 1995 年版，第 511 页。

③〔北宋〕司马光：《资治通鉴》卷五十七，中华书局 1956 年版，第 1849 页。

④ 梁启超先生怀疑"并无安玄其人者，或即世高之异名"。参见梁启超著、陈引驰整理《佛学研究十八篇》，辽宁教育出版社 1998 年版，第 28 页注释②。

安玄弃官南游。年近九十高龄的安世高也被迫离开洛阳，游化江南，或是想从广州取海路归国。

《资治通鉴》记延熹二年（159），李云因言获罪，杜众仗义入狱。负责审案的中常侍管霸有意替他们开脱：

> 时帝在濯龙池，管霸奏云等事。霸跪言曰："李云草泽愚儒，杜众郡中小吏，出于狂戆，不足加罪。"帝谓霸曰："'帝欲不谛'，是何等语，而常侍欲原之邪！"①

宦官内部派系林立。李云上书主要针对单超等"五侯"，而管霸或有意向世族集团示好，这样的宦官不唯管霸。管霸是桓帝亲信的宦官，曾代皇帝到苦县（今河南鹿邑）祭祀老子，或"老子浮屠"。他最了解皇帝的信仰世界，也许是他引领安世高夹带佛像入宫的，是故选择皇帝在濯龙宫祭祀祈福的时机来汇报案情，趁势说情。胡三省注中批评说："霸跪奏若为云等言，而狱辞则致之死也"，是误读了管霸的良苦用心。

安世高对佛经的翻译能契合汉地人的思维习惯，译著里借用"格义"的方法十分大胆。例如，他翻译的《安般守意经》，逐字解说"安般守意"就是"清静无为"②。佛经直接转换成了

---

① 〔北宋〕司马光：《资治通鉴》卷五十四，中华书局 1956 年版，第 1751 页。

② 〔后汉〕安世高译：《佛说大安般守意经》卷上，见《乾隆大藏经》第 33 册，中华书局 2010 年版，第 797 页。

"老子经",在今天看来简直不可思议。安世高在洛阳的传教情况,我们无法尽知其详,但可以推测,他应该首先影响了宦官。内心空虚的宦官更容易对"来世"产生兴趣,花钱买一张通往来世的"入场券",然后通过宦官的推荐进入到宫禁。《后汉书》提到的汉桓帝在濯龙宫祭祀黄老浮屠,安世高最具备做"祭司"的资格,他不仅是一位高僧,还是出身高贵的帕提亚王子。他和他的忠实信徒们,给浮屠披上了黄老的外衣,渐渐侵入皇帝的信仰世界。也许"老子化胡说"本来就是安世高融佛入老、借道弘法,自己创造出来的一套应机的法门。

安世高是一位多才多艺的佛教高僧。随同安世高入华的同行者应该也携带了金铜佛像、木板画像和庄严法器,他们中间还有擅长杂技魔术、戏耍说唱和建筑、装饰、绘画、铸造的追随者,以及深受希腊—罗马艺术熏陶的"罗马骑士",还有一路加入同行、供养僧众的西域各国的商旅,这些人都有着各自不同的宗教信仰背景。来到洛阳后,一批善于丹青绘画和雕刻铸造工艺的弟子,进入到艺术风格流派与之渊源颇深的"别开画室"和尚方令门下,有人甚至做到了"画室署长"和"玉堂署长"。

文献记载的濯龙宫,是皇宫内一处佛老合一的道场。桓帝相信了浮屠只是老子的另外一个化身,故神坛"华盖之坐"祭祀的神祇,最初至少有两个:在黄老的神主坐(座)或象征物

"削木像"①的一侧，又加入一尊安世高从犍陀罗带来的金铜佛造像。后来渐渐演变成一躯非黄非老、亦佛亦道的复合圣像，在

十六国时期流行。2021年咸阳一座东汉墓里发掘出两躯犍陀罗风格的金铜佛造像，同时出土的陶罐上，有延熹元年（158）的朱书纪年。②这种佛像应该是犍陀罗原始金铜造像的"翻版"，濯龙宫祭祀的是它的"原版"。那时，在人们的观念里黄老、浮屠不分，普遍认为"黄老即浮屠"。事实上，汉桓帝已是对佛陀名正言顺、堂而皇之地供养了。（图2-13）

图 2-13　咸阳出土的佛像之一

---

　　① 范祥雍订补《古本竹书纪年辑校订补》之"五帝"篇："黄帝既仙去，其臣有左彻者，削木为黄帝之像，帅诸侯朝奉之。"参见《古本竹书纪年辑校订补》，上海古籍出版社 2011 年版，第 2 页。

　　② 姚崇新认为"两件造像的风格特征与十六国时期的金铜造像高度接近"，从而怀疑是十六国时期的作品。参见姚崇新《关于咸阳成任东汉墓出土金铜佛像的几个问题》，载《文博学刊》2022 年第 2 期。

2. 外篇：侯门夜宴图

侯览寿藏的祠堂画像，不仅场面宏大，而且布局严谨，有100多个身份不同、个性鲜明、刻画生动的各色人物，在汉画像石中罕有其匹，别具风采，当出自宫廷画工之手，是汉画像艺术达到鼎盛时期的"非主流"作品。

以往学者对"朱鲔石室"的祠主和画像故事内容少有研究，费慰梅曾感叹不了解"剧中人物表（dramatis personae）"①，画像表现的很多情形难以理解。然而，没有相应的文字碑记作直接证据，还有丰富而生动的画像本身和浩如烟海的历史文献。笔者试从艺术鉴赏的视角入手，首先确认中心坐标和主要人物；通过剖析"陪衬人"和"拜谒人"角色，构建一个虚拟的人脉网络，进而厘清尊卑主客关系；用图像印证文献，整理出一个较为合理的"剧中人物表"，以期还原历史真相。本篇定名为"外篇：侯门夜宴图"，侧重图像史的解读，兼顾相关名物典故。人物判断未必准确，权为一家之言，以期抛砖引玉。

2.1 画壁：灯火阑珊处

观者走进石室，浏览三面墙壁，但见满满刻画着一堂"永不散场的宴席"，就像闯入别人家的宴会厅，人声鼎沸，钟鼓齐

---

① 转引自郑岩《视觉的盛宴——"朱鲔石室"再观察》，载《美术史研究集刊》第四十一期（2016），第90页。

鸣，主仆衣冠齐楚，食案上下摆满了杯盘食器，每面墙壁的案前都放着一瓿一樽，器形硕大且带承旋，热气腾腾，仿佛能嗅到浓郁的肉香和酒香，灯红酒绿，纸醉金迷……观者顿感手足无措，进退两难。这个石室画像给人的视觉冲击力和空间压迫感，正是最初的设计者想要达到的观感效果。

由于三面石壁上的画像所表现的均是宴会的场面，乍看济济一堂，没有太大的区别。细观才发现刻画内容的差异：建筑整体似一座通透的二层中央挑空大厅，下层更加高大些，招待男嘉宾，是画像的主要部分；上层比较低矮，全是女嘉宾，属于画像的次要部分；后壁是全堂画像的核心；每面墙壁上都有对称的连屏床榻，划分出内外空间，屏床上坐着的一般都是重要的人物。

在如此钟鼎玉食、高屏矮床的宏伟大厅里，为什么看不到汉画像石上最常见的乐舞和杂技表演？其实，观者就是站在乐舞表演的舞台上方，与演员一道，反观对面楼阁上下的主人、宾客、献食者和陪侍者的众生百态，他们才是这场"演出"真正的演员！

如果一个成年人进入到石室内，他的眼睛平视的高度，正好落在两层楼中间宽厚的横枋下方，感觉被过梁、立柱和帷幔遮挡住视线，不能自如地"一览无余"，不由挪移观察视角，对楼下人物俯视，对楼上仰观，不时有发现"那人却在灯火阑珊处"的意外惊喜。一个人静静地站立在石室的中心，隐隐感受到黄钟大吕撞击发出的重低音炮声效，余音绕梁，回响不绝……

　　全堂画像上共有十四具屏床，实际坐在床榻上的只有十三人——"十三"这个数字或许还有其他特殊的含义。这十三人中，上部女宾十一人，下部的男宾只有二人。男宾均东向而坐，"古人之坐，以东向为尊"①。这两人中的一个，就是画像故事里的中心人物：前（右）侧为主，即中心人物；后（左）侧为辅，是其"陪衬人"。

　　"陪衬人"是为了衬托主角而特别设置的"配角"。一般而言，"陪衬人"的面部或身躯与主角的朝向一致，身材相对较矮小，躬身跟随在主角的身后，或手中持物，处于从属地位。"陪衬人"的角色，由主角的随从、属下、侍者或门生等身份较低的人充当。安排"陪衬人"的角色，在于强调、突出、衬托主角，是画家为表现人物主次关系，在图像上设计的一种"肢体语言"。如在孝堂山祠堂画像中，董宣的四处"分身"，都分别出现了"陪衬人"和"拜谒人"（图2-14）；"陪衬人"未必是重要人物，但重要人物做"陪衬人"时，他还有自己的"陪衬人"，同时又有"拜谒人"，如本画像左壁上的中心人物（侯霸），他还是后壁上（皇帝）的"陪衬人"；有时主角越重要、越尊贵，"陪衬人"也越高调或人数越多，如在常见的"孔子见老子"画像中，孔子身后的弟子都是他的"陪衬人"（图2-15）。

---

　　①〔明〕顾炎武著，张京华校：《日知录校释》（下）"东向坐"条，岳麓书社2011年版，第1112页。

图 2-14 董宣的 "陪衬人"

在人物众多的一幅画像中，重要而尊贵的人物，既有 "陪衬人"，又有 "拜谒人"。"陪衬人" 与主角面向一致，反之，与主角面向或身躯相对者，则是 "拜谒人"，或称作 "献食人""献

图 2-15 孔子见老子

祭人""朝觐人""宾客" 等，他的形象或跪拜、或躬身、或献礼，身体比主角低矮或瘦小，地位一般不对等。如 "孔子见老

图2-16 孔子见老子（部分）

子"画像上常见的小儿项橐，其实他是孔子的"拜谒人"。（图2-16）"陪衬人"从属于主、"拜谒人"等是客。这种画像石上的表现形式并不具有普遍性，像是受到佛教造像的影响，如释迦三尊、初转法轮和涅槃图等。

如果把这幅"侯门夜宴图"比作武氏祠的"楼阁拜谒图"，那么中央主位上的人就是全堂最尊贵的中心人物，他不是祠主，而是君主。（图2-17-1、图2-17-2）《水经注》记载在距此"石庙"不远处，有同时期建造的荆州刺史李刚的祠堂石室，雕刻为"君臣官属"[①]等，君主的形象出现在祠堂画像中有文献证据。巫鸿在论述武梁祠的"楼阁拜谒图"时指出，其中心人物并非死者肖像，典型拜谒场景的原型就是汉朝的皇帝，设计者很了解拜谒场景象征"君权"的原始含义。

---

① 王国维校，袁英光、刘寅生整理标点：《水经注校》卷八，上海人民出版社1984年版，第290页。

图 2-17-1　武氏祠左石室后壁下部小龛后壁画像石

图 2-17-2　武氏祠前石室后壁下部小龛后壁画像石

　　祠主人武梁的肖像刻在了画像的结尾处，即墙壁的左下角。[①]（图2-18-1、图2-18-2）同样的例子是，孝堂山石祠的主

---

　　①（美）巫鸿著，柳扬、岑河译：《武梁祠——中国古代画像艺术的思想性》，生活·读书·新知三联书店 2015 年版，第 212 页。

图 2-18-1 武梁祠东壁

图 2-18-2　处士和县功曹

人董宣，与武梁一样，也出现在行进队伍的结尾处（东壁第二区偏右侧）和"楼阁拜谒图"的下方。两案例为我们探寻画像故事内容和祠主的位置提供了参考依据。

史载，汉桓帝经常私自外出宫禁。他曾经造访梁冀的儿子、新上任的河南尹梁胤的府舍。《资治通鉴》之"元嘉元年"记，桓帝微行，幸河南尹梁胤府舍。是日，大风拔树，昼昏。因为天象异变，故有尚书杨秉上疏，曰：

> 臣闻天不言语，以灾异谴告。王者至尊，出入有常，警跸而行，静室而止，自非郊庙之事，则銮旗不驾。故诸侯入诸臣之家，《春秋》尚列其诫；况于以先王法服而私出槃游，降乱尊卑，等威无序，侍卫守空宫，玺绂委女妾！

设有非常之变，任章之谋，上负先帝，下悔靡及！①

　　杨秉极谏皇帝微服私访的危险性，言辞激烈，真正让他不放心的是宫里的后党和宦官，然而"帝不纳"。桓帝的任性给后世君主开了个恶劣的先河，同时也提醒了宦官，要时刻把皇帝掌握在自己手中，一刻也不能离开眼帘。

　　汉灵帝刘宏十二岁登基，正是贪玩的年龄，整天待在宫里任人摆布，被宦官集团把控，不过是一个傀儡皇帝。他既亲近宦官，又从心里惧怕宦官，是故发生小皇帝夜入宦官外宅之事。画像上坐着的中心人物，正是小皇帝刘宏和他最亲信的大宦官张让。

　　画像上，女仆给皇帝上菜，要经过多道关卡，由黄门食监先品尝，然后通过二次检查。甚至有从宫里带来的专门为皇帝烤肉的厨子，他们是皇帝的"献食人"。皇帝的屏风后面有几个武官打扮的人，他们是执金吾和司隶校尉等，扮演着皇帝的"陪衬人"。是时，董宠任执金吾，他是皇帝的亲舅舅；王寓任司隶校尉，他是宦党的亲信、侯览的爪牙。

　　灵帝宠信身边的宦官，他常说"张常侍是我公，赵常侍是我母"之类有失体统的话。宦官得宠，更加奢侈无度，竞相攀比。史载：

---

① 〔北宋〕司马光：《资治通鉴》卷五十三，中华书局 1956 年版，第 1722 页。

宦官得志,无所惮畏,并起第宅,拟则宫室。帝常登永安候台,宦官恐其望见居处,乃使中大人尚但谏曰:"天子不当登高,登高则百姓虚散。"自是不敢复升台榭。[1]

小皇帝并非不知道宦官们的奢靡生活,但宦官还是顾忌皇帝登高望远,看到如此壮观堪比皇宫的连片外宅私第,担心皇帝和大臣们联合起来追究。

遍观画像人物,大都穿着肥厚的长袍和襜褕,案前还出现了烤炉,樽和瓻都带着盛放热水用以加温的承旋,这些都表明时间是发生在冬季的一场夜宴。《后汉书》记载:"冬至前后,君子安身静体,百官绝事,不听政,择吉辰而后省事。"[2]冬至在汉代称冬至节或冬节,时间约在阳历的十二月下旬,即岁尾,是一年中最盛大的节日,有连续几天的长假,上至皇室、下至庶民,举国准备腊祭,家家团圆,热闹非凡。此时,灵帝母子初到京师,孤儿寡母尚未站稳脚跟,凡有所动都受宦官的挟持,冬节长假里率河间来的亲眷,轮番"应邀"到宦官的外宅宴乐,几乎是他们唯一的选择。

画像所表现的主题,即汉灵帝和他的母亲董太后,于建宁二年(169)冬节的夜晚,临幸大宦官侯览的外宅府第,赐给侯

---

① 〔南朝宋〕范晔:《后汉书》卷七十八,中华书局1965年版,第2536页。

② 〔南朝宋〕范晔:《后汉书》志五,中华书局1965年版,第3125页。

览印绶（侯览于是月升任"长乐太仆"），"赏赐"宫中宝贝，侯览在家中设宴款待皇帝母子及其随从官员和宦官的一幅"夜宴图"。由于是家宴，所有人物均无佩玉、佩绶和佩剑，冠带也较为随意，少了许多绳墨规矩，表面看似轻松自由。

然而，"夜宴"的文化意象，不是一场简单的盛宴聚会，而是人与人之间的勾心斗角和思想碰撞，就像专诸刺王僚的"炙鱼宴"和楚汉争霸的"鸿门宴"。侯览家的夜宴，是在个人隐私的空间里发生的隐秘事件，在蜡光照不到的墙角落、廊柱下和帷幕后，有多少阴谋正在发生或即将发生，充满了神秘感和不确定性，同时富有盛宴之外的引人入胜的艺术魅力。

《牛津英文词典》将"盛宴"定义为："为向某人致敬或标记宗教／世俗纪念日而举行的、令人愉快且具有庆祝意义的事件；与某地相关的节庆；为若干宾客举行的豪华饮宴或娱乐活动；具有一定公共属性的宴会；一顿不同寻常的、丰富而可口的饭菜……"[1]定义试图概括周全，但还是不能涵盖诸如"炙鱼宴""鸿门宴"和这场"侯门宴"的实质。中国式的"盛宴"不一定是令人愉快的事件，大多不具有公共属性，甚至相反；那些丰富而可口的饭菜不过是摆摆样子，"吃"在盛宴上成了最不重要的内容。局外人不懂。

---

① （英）香里·奥康纳著，X.Li 译：《无尽的盛宴：饮宴人类学与考古学》，广西师范大学出版社 2023 年版，第 2 页。

关于画像的"透视法"。有人提出，物像看似不符合近大远小、最终归于"灭点"的焦点透视规律。郑岩提到有学者解释为"平行透视"或"轴测透视"法①；巫鸿评价它是"成功表现统一三维空间的最早画像"②的同时，也指出图像上的器物没有前后遮挡的现象。笔者认为，画工最初的设计稿或许是视角平视的正常透视，可这样的应用并不为时人所普遍接受，如占据大量空间的床屏看似宽窄不一、距离的近远关系像是暗示了人的大小等级，让东家感到不适。这就像慈禧太后让西洋画师给她画像时，不喜欢画师在她的面部涂上"阴影"和皱纹一样。画工依照东家的意见作了妥协，把观赏的视角向上挪移，相当于祠堂顶部的高度，约45度倾角向下方俯视，如看三面墙壁上的三个主要人物（侯霸、刘宏和侯览），头部都略显大一些、身材稍矮一些，看似人体比例失当；屏风后的人物大都可以看到胸部以上；案上和地上的杯盘，基本都能看到全貌而非仅仅一个侧面，器物看似叠压多、遮挡少；最后出现的取火阳燧（凹透镜）和一只白貂，都像是悬浮在半空中；每面墙壁下部的两张大屏床，呈现平行四边形，似斜放着，感觉大堂有一定的空间

---

① 郑岩：《视觉的盛宴——"朱鲔石室"再观察》，载《美术史研究集刊》第四十一期（2016），第78—79页。

②（美）巫鸿著，文丹译，黄小峰校《重屏：中国绘画中的媒材与再现》第一章"韩熙载夜宴图"，其中"图23"引用费慰梅所绘复原图时，出现了排列顺序上的错误。上海人民出版社2017年版，第46—47页。

"深度"。这些都是改变视角所产生的观感效果，并没有违背焦点透视的基本原理。

只是视角提升到祠堂的顶部（顶部画像情况不明），让观者不易理解。郑岩指出，"各种形式的壁画是丧葬礼仪的一部分，是生者对死者的奉献，只有死者'看'得见"①。所谓汉画像石的"观者"并非"他者"，至少设计之初没有顾及"他者"的感受。也许大多数汉画像石从来就不存在一个所谓的"道德教化"的功能，画像是给祠主的灵魂升仙时"观看"的，是丧葬仪式的一部分，而非为后人鉴赏。这样就能够理解画工为何选取一个"人不可及"的高度视角。此外，还有深层的宗教内涵。

汉代的西王母信仰，是佛教偶像崇拜之前的多元外来宗教与本土信仰相杂糅，创造出来的图像系统庞大而完善的、具有普及意义的神仙信仰。西王母信仰的兴起使人们不再像秦皇、汉武一样追求在现实世界里长生不死，其理想是脱离躯壳的灵魂飞升到昆仑山仙界，在西王母的庇护下（获得"不死药"）成仙而不死，而不是肉体不死。故汉人重"厚葬"，随葬品都是后人奉献给死者的灵魂升仙时一并带走的"行李"，他们相信，神仙世界里也有官爵高低、贫富贵贱，也需要楼阁、仆从、车马、饮食、娱乐和金钱。佛教的传入，"来世""净土""天堂""地狱"等

---

① 郑岩：《逝者的面具：汉唐墓葬艺术研究》，北京大学出版社 2013 年版，第 160 页。

新概念[①]，给思想界带来新一轮的更强烈的冲击，最早接触到佛教的士大夫阶层，对生命的归宿感到迷茫，这就造成许多看似混乱甚至矛盾的做法。例如，他们仍然遵循"入土为安"的传统习俗，而对袄教和佛教中的"野葬"和"火葬"拒不接受。出于对"地狱"的恐惧，地面祠堂画像才多有表现对飞升"天堂"的心理诉求。祠堂不同于地下墓葬，本身就是一个"反地狱"的存在。侯览画像的视角，可以理解为祠主"尸解"的灵魂（天气为魂，地气为魄），在西王母派来的使者引导（接引）下，在祠堂中缓缓升起，飞向天堂，流连于对往昔美好生活片段的回顾，在祠堂的顶部（仙界）向人世间投下最后一瞥，期待乘愿再来，继续享受荣华富贵。（图2-19）

图 2-19
鸡犬升天

----

① 邢义田认为："曾有学者怀疑佛教中具有惩恶劝善意义的天堂地狱观已于东汉进入中国，甚或影响了《太平经》的作者，这些说法都嫌证据不足。"原刊《许倬云教授八秩祝寿论文集》，参见邢义田《今尘集》之《从〈太平经〉论生死看古代思想文化流动的方向》，中西书局2019年版，第148页。

无论是灵魂"升仙"还是"往生"，画像都是给祠主观看、用于祭祀的仪式。尹吉男强调，"在石祠内设置石刻画像是为了服务祭祀，而不是为了单纯表现艺术"，"祠堂是十分庄重的场所，不是任人随意观赏的地方"①。从这层意义上讲，祠主之外的所有"他者"都是不速之客，甚至是"偷窥者"。包华石则相反，他认为祠堂是为他人的观看而设的。②

　　关于读图的顺序，一般地认为是由右向左，武梁祠画像就符合这一规律。苏立文认为："至迟在东汉时期，画家已经掌握了由右向左的读画顺序和超越真实画面的空间延伸感，这些都是后世中国长卷画作的基本特征。"③事实并非完全如此，如孝堂山祠堂是由左向右观看的。按"朱鲔石室"画像食案上的饮食和器物判断④，同样是由左向右读图。观赏画像，可视作三幅壁画，也可以分解成十一幅屏风画。但要完整无障碍地通读全堂画像，只能想象去恢复它最初的状态，即画工在缣帛纸上绘

----

　　① 尹吉男：《知识生成的图像史》，生活·读书·新知三联书店 2022 年版，第 179 页。

　　②（美）包华石著，黄丽莎译：《包华石中国艺术史文集　风格与话语》，浙江人民美术出版社 2023 年版，第 80 页。

　　③（英）迈克尔·苏立文著，徐坚译：《中国艺术史》（全新修订版），上海人民出版社 2022 年版，第 117 页。

　　④ 余英时重现饮食呈献给宾客的相对顺序为：酒—肉羹—菜肴—谷物食品—水果。参见张光直主编、王冲译《中国文化中的饮食》，广西师范大学出版社 2023 年版，第 63—64 页。

制的原始手稿本，就像欣赏一幅故事性连环画的长卷轴：先从右向左拉开，粗略观其大意；然后从左向右卷起，逐屏、逐块、逐壁地回看，反复观赏玩味。这幅画像最初的纸质特征表现得非常明确，与一般汉画不同。

以下读图按顺时针方向，从西（左）壁开始，其次北（后）壁，最后东（右）壁，分为三大板块；以每面墙壁的中心立柱为分界，先左后右；以横枋为分界，先下后上；以人物为中心，先主后次，分别解读。

这是一场时间跨度达400年之久、以"夜宴"主题贯穿始终的画像作品，场面如此恢宏的"夜宴"画作可谓空前绝后、盛筵难再。"侯门宴"的故事从汉兴讲到中兴、再到汉末的黄昏，结构庞大、叙事缜密，犹如一部深邃博大的全像汉代史诗，读来令人震撼，掩卷发人深思！

2.2 莲花：侯门开夜宴

东西两汉，侯氏门庭英杰辈出，历来不乏封侯者。窦宪驱逐匈奴后，东汉中后期不再有劲敌侵扰，太平日久，人民不识干戈。贵族之家酒池肉林，夜夜笙歌，生活淫逸，尽情享受着眼下的富贵荣华！（图2-20）

西壁上，一位美髯飘逸、黼黻冕旒的官员，从屏风一侧的小门扉步入大堂，他那"矜严有威容"①的气势不容你忽视，他

①〔南朝宋〕范晔：《后汉书》卷二十六，中华书局1965年版，第901页。

图 2-20 西壁线描图

右手抚胸的手势尤其引人注目，据说这是圣哲的手印①。他就是祠主侯览的那位光耀后世的祖先——大司徒侯霸。

侯霸是西壁人物的中心，也是全堂画像出现的第一个重要人物。几乎所有的相关研究著述，都对他作过各种解读，但这些解读都不认为他是画像上的重要人物，当然也不承认他头戴的是三公的冠冕，多倾向于他是一名守门吏，如孙机提到“戴爵弁者”②，沈从文说是戴“樊哙冠”③者，郑岩直接说是“门吏”等，他们都忽略了图像叙事的时间性。画工选取“最富于孕育性”的倾刻，使得前前后后都可以从这一倾刻中得到最清楚的理解④。主人的出场，宣告“侯门宴”的开始！

侯霸既熟悉旧典制度，又熟习刑名法律，更熟知人情世故、官场规则。当光武帝征召同学严子陵出山时，侯霸感到自己的位置受到威胁，派人监视，甚至诋毁严子陵。一次光武帝与严子陵彻夜长谈，当夜偃卧一榻，“明日，太史奏客星犯御坐甚

---

① 孙英刚、何平：《图说犍陀罗文明》，图 0-14 “右手抚胸的佛陀立像，拉合尔博物馆”。作者认为：“其姿容手势和出自小亚细亚的希腊基督教的基督非常相似，或许受到了希腊文化的影响。福歇认为，两者是‘表亲’，都是源自希腊的萨福克瑞斯。”生活·读书·新知三联书店 2019 年版，第 17 页。

② 孙机：《汉代物质文化资料图说》（增订本），上海古籍出版社 2011 年版，第 265—268 页。

③ 沈从文编著：《中国古代服饰研究》，商务印书馆 2011 年版，第 206 页。

④ （德）莱辛著，朱光潜译：《拉奥孔》，人民文学出版社 1979 年版，第 82—90 页。

急"①。大家都心知肚明，这事儿跟侯霸脱不了干系。

侯霸身后的屏风外侧四个人物中有两个重要人物，但不是中心人物，值得注意。

左一人，面向正前方，无胡须，头戴介帻，脖子上缠绕着围巾，他是全堂画像中唯一一个面部呈完全正面的"偶像"，像一张发霉的老照片高悬在大堂上。他好像盯着舞台观看表演，又像是盯着闯入祠堂观看画像的人，从另一个空间里与现实中的人交流——他就是侯霸的族父"大常侍"侯渊。侯览的这位祖先也是一位宦者，他的存在和在侯氏家族中的堂堂大名，使

图2-21 侯渊、侯公

侯览的宦者身份少了几许尴尬、多了几分自信。侯渊在元帝时帮助石显管理中书，在宫中弄权游刃有余，是侯览毕生学习的榜样。所以画工把他放在显著的位置上，并以正面形象出现，有其特殊的象征意义。（图2-21）

侯渊的右侧有一位大胡子，他是传说中的侯门

①〔南朝宋〕范晔：《后汉书》卷八十三，中华书局1965年版，第2764页。

远祖平国君侯公。侯公对皇室有功，是汉兴以来第一个有封爵的侯氏祖先。一仆隶双手端酒杯，和一名女仆在一旁侍候，好像是侯公和侯渊的"献祭人"，但看面向，他们却是侯霸的"陪衬人"。画工试图说明：侯公和侯渊只是家族传说、模糊不清的精神图腾，神主早已祧迁，已没有祭祀的牌位了。但侯霸有牌位。

全堂一百多个人物中，仅三人有胡须：侯公、侯霸和后壁上的"画室署长"。此时党人祸起，反对宦官的正直朝臣都遭到禁锢，朝堂之上多是阿谀依附宦官的小人。画工深刻揭示出所处的时代阴气太重、阳刚不足。建宁二年（169）四月，有青蛇（或是一道彩虹）见于御座上，小皇帝惧怕灾异，诏公卿以下各上封事，郎中谢弼和光禄勋杨赐等人，上书中引诗"惟虺惟蛇，女子之祥"①，极言宦官专权、妇寺干政以致阴阳失和，劝谏皇帝远小人（宦党）与女子（后党），多任用贤良清正的大臣。恰逢冬至一阳生，朝堂上似乎有了一线生机。

床榻前，侍立着一男一女，一起恭候主人入席。他们是侯霸的家人或高级家臣，在这里充当他的"献祭人"。（图2-22）男仆头戴平巾帻，温文尔雅，微微躬身作了个"请坐"的手势，身后有一枚斜放着的凹面铜镜，是取火的阳燧；女仆戴着"副笄六珈"的发饰，身材高大而丰腴，手捧一只蛤蜊（大贝壳），

---

① 〔北宋〕司马光：《资治通鉴》卷五十六，中华书局1956年版，第1814页。

图2-22 侯霸的"献祭人"

图2-23 官员手执阴燧

是取甘露的阴燧。此二物在孝堂山石祠西壁第三区上也都出现过。《淮南子》记"阳燧见日则燃而为火，方诸见月则津而为水"[①]，有的书注"方诸，阴燧，大蛤也"。阳燧和阴燧实为取"神圣水火"的专用器。《汉旧仪》记皇帝大祭前准备祭品，"暮视牲，以鉴燧取水于月、以阳燧取火于日，为明水火"[②]。从而"取水火"被赋予了神圣性。（图2-23）

中心立柱两侧的栅足长几（食案）上，放有若干大漆盘，里面整齐地摆放着羽觞，即盛酒的漆（或金玉、琉璃）耳杯（图2-24），食案上还有果盘和带承盘（舟）的耳杯。左侧案头上有一只带高足承

---

① 刘文典撰，冯逸、乔华点校：《淮南鸿烈集解》，中华书局1989年版，第97页。

② 〔清〕孙星衍等辑，周天游点校：《汉官六种》"汉旧仪二卷补遗二卷"，中华书局1990年版，第101页。

盘的"茶盏",女仆手中的大
蛤蜊里,应该就是用以调制茶
饮或药饮的甘露。这样的水火
都不是人间烟火,是一套庄严
的"献祭"仪式。

　　汉代贵族日常吃茶(苦
茶),不仅重视水火的取用,
而且讲究茶具的使用和收藏。
王褒《僮约》有"烹茶尽具,
已而盖藏"[1]语。盏托的功能是
防烫手,一般认为它最早出现

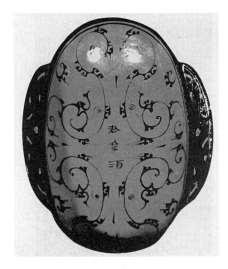

图 2-24　羽觞

在东晋,也有人推测汉代已经出现,但证据不足[2]。图像中的这
件盏托和茶盏器形较大,摆放的位置显眼,看似透明,像是琉
璃(玻璃)制品。此时罗马帝国的琉璃器皿已经流入中国,皇室
和上层贵族之家喜用这种半透明的五彩缤纷的琉璃器,珍罕远
超金玉。这种器皿与出土的唐宋时期的茶盏几乎没有区别,它
集审美与实用于一体,沿用至今都少有变化。但同时期相似器
物的考古发现情况未详,现在还是一种推测。这一图像资料具

---

　　① 〔西汉〕王褒:《僮约》,见〔清〕严可均辑、任雪芳审订《全汉文》卷
四十二,商务印书馆 1999 年版,第 434 页。

　　② 作者在文中提到"朱鲔石室"画像上的酒杯带盏托,但没有注意到高足的
茶盏托。参见吴秀梅《茶盏托考论》,载《农业考古》2010 年第 5 期。

图 2-25 茶盖

图 2-26 迎宾监奴

有较高的文献价值，或能在将来的考古发现中得到验证，以补"茶史"之阙。（图2-25）

中立柱的右侧案头上有一只四方带盖的大漆椟，里面或为碾制好的茶叶末和食盐等调味的佐料，以及分装在小格子里的香瓜子之类的小食品。

右下，宾客纷至沓来。一位监奴头戴"颜短耳长"[①]的平巾帻（这也是画像出自桓灵之际的一个证据），双手捧名刺，笑容可掬，精神抖擞，恭迎客人的入席。（图2-26）这时有两位重要的客人步入宴会大堂。前边的宾客气宇轩昂，衣带飘逸，他是上任未久的少府卿朱鲔。引领他的苍头面带微笑，手势作请姿；后边的宾客身材高大，头戴角巾，步入大堂后远远地行跪拜礼。（图2-27）

①〔南朝宋〕范晔：《后汉书》志十三，中华书局 1965 年版，第 3271 页。

这两位苍头都是宾客的"陪衬人"。宾客的突然下跪，使引领他入席的苍头神色略显迟疑，身后迎宾的几个家奴也紧跟着一起跪下，其中束双髻的小奴不由得轻声发出一声赞叹，左侧年长的老奴，高颧骨、蒜头鼻、塌鼻梁，戴一顶厚厚的尖顶帽，他狠狠地瞪了小奴一眼，提醒他不要大惊小怪，小奴顽皮地朝老奴努嘴做了个大鬼脸。（图2-28）

这老、少二奴仆处在人群背后不显眼的位置，是地位极卑微的小人物，他们的脸部都呈侧面形象。从老奴的相貌和头戴尖顶帽的特征看，他应该是个胡人（匈奴人），身份似战俘奴隶，和他对面的束发少年也是匈奴人。在这里，他们成了董宣的"陪衬人"。

图 2-27　宾客和奴仆

图 2-28　匈奴家奴

武氏祠西阙子阙栌斗北面，有一个胡人双手牵着一只高大凶猛的猎犬，胡人身材短小，和猎犬差不多高，他头戴高帽子，长胡须，也应该是战俘，但他不是匈奴人，而像是西胡人，刻画在阙上表示他为曾经官任敦煌长史的武斑和武氏家族看守墓茔。（图2-29）

　　两汉的战争对象主要是北方的匈奴，"胡人"一般特指匈奴人，汉画像石上出现"胡人"的形象通常是一种"瑞应"。在孝堂山祠西壁的"战场"画面上，出现了主帅"胡王"，表示敌人举倾国之兵犹不能犯我强汉；济宁市博物馆展出的喻屯城南张（兖父故城）出土的汉画像石上，有献俘、行刑和歌舞庆祝胜利的宏大场面（图2-30）。这些常见的"胡汉战争图"，结果均以汉军的胜利而告终，虽然刻石之时匈奴已不再是汉朝的劲敌，也与祠（墓）

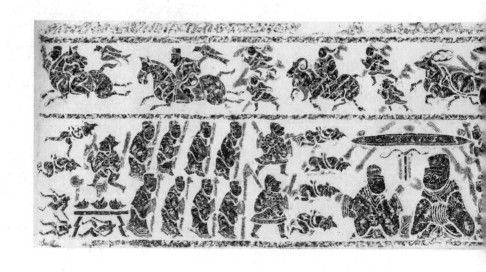

图 2-29 守墓的战争奴隶

图 2-30 献俘图

图 2-31 胡人俑（一）

图 2-32 胡人俑（二）

主是否为将军身份无关，就像出现黄龙白鹿、甘露嘉禾一样，都是"天下太平"的祥瑞。

胡人献瑞，除了平面雕刻，还有大型圆雕。兖州博物馆展出的一尊胡人石像，头戴尖帽，深目高鼻，双手连锁，双膝下跪（图 2-31）；邹城博物馆展出的胡人石像则呈站姿，双手持斧（图 2-32）；曲阜乐安太守麃君墓前的二"翁仲"，其中稍矮的拥彗者是胡人；此外还有临淄古城镇、北京丰台永定河、石家庄小安舍村等所谓的"镇水翁仲"，滕州鲁班纪念馆有一件原位于某村头的"石婆婆"，本是守墓的战俘，就像墓阙前的狮子，都是汉代的祥瑞。

身材高大、头戴角巾的宾客行跪拜礼时，陪同的苍头和奴仆们都大感疑惑：客人何以行如此大礼？他就是侯霸的门生洛阳令董宣[1]。其时董宣尚未出仕洛阳令，他正准备

---

[1] 汪灏、汪海波：《"强项令"董宣的祠堂》，载《山东艺术》2022 年第 5 期。

赴任北海相，是向举荐他的恩师侯霸辞行的。

侯览加刻二人画像，大意是说，官至九卿的少府和威震洛阳的"卧虎"不过尔尔，他们都是我家先人的门生故吏而已！生活中的侯览动辄把二人挂在嘴上。前者针对宫中宦官、后者针对朝堂大臣而言。

苍头们相貌奇特，他们多是侯府招纳的任侠之士、亡命之徒，其中也有门生和宦官。苍头们戴着各式奇形怪状的韬发巾，最能凸显他们的个性特点。陪同董宣的苍头头戴巾帕（缣巾），他身后的苍头则头戴像鸡冠一样的奇怪的"埠巾"，样式不一而足，可以统称为"苍头巾"。

阁楼上，左侧屏床上有一位贵妇人，正襟危坐，在等候客人。她是侯霸的夫人。她的床屏后有三个女仆，都是她的"陪衬人"。

有一女仆跪在地上开始安装灯台。（图2-33）她微微抬头面对侯夫人，似有问候交流，她是侯霸夫人的"朝觐人"。这种大型的错金青铜坐地灯

图 2-33 安装灯台

可以拆卸，灯的底座有似蕉叶纹镂空铸造的四足，座上安装长柄，支撑一枝或多枝灯盘。女仆的面前放有大小不等的一摞圆形灯盘，她的身旁整齐地摆放着两组带提链的扁壶。提链扁壶一般用于盛热水，这里的扁壶里装着动物油脂和植物麻子、苏子加工的膏油，加热后的灯油可以减少烟尘、防止冻结，故有提链，以防搬运时烫手。这种扁壶在之后的画面上频频地两两出现，说明宴会大堂上的坐地多枝灯还有很多，可能还有钉灯、吊灯等，画工为了避免杂乱，象征性地仅画此一台。

　　一般来说，粗使的女仆应该着短衣敝裳，画面上的女仆却大都着狐尾单衣的盛装，头戴"副笄六珈"的发饰，雍容华贵，装扮与主人略无差别。（图2-34）这些"女仆"中或有身份较高的宫人和家人。打虎亭汉墓画像上的女仆也多是这种盛装打扮，抑或是同一批画家的集体偏好。

　　斗拱右下有数件器物。这些器物有壶、扁壶、卮、椑、奁和尊等，都是直口颈，在画像其他处也出现这种

图2-34 狐尾单衣

造型。汉代直颈壶比较罕见，特别是贵族之家精美的漆木器和铜器，少有直颈造型。巫鸿在论及"生器"与"明器"的关系时，引用荀子"生器文而不功，明器貌而不用"说，"前者是死者生时所用之器"，"后者是为死者特地制造的器具，需要在形制、材料和装饰上表明其'不可用'的意义"①。我们可以这样理解：在祠堂画像上出现的餐饮器具都是生人的献祭，画像上的"盛宴"是人世间的生活在另一个世界（享堂）里的延续。

中心柱右上，两位贵妇人已经入座，她们对应楼下的朱鲔和董宣，分别是他们的夫人。董宣夫人的身后有两位"陪衬人"，案前的女仆（献祭人）正在给贵妇人们舀酒。右侧，又有三位贵妇人谈笑着走进屏前，准备入座。屏床后边露出一个大包袱，是宾客带来的丝缣礼物，或皇帝寄存的包裹，北壁和东壁上也都有类似的大包袱。在打虎亭汉墓画像上，这种宾客"赠送"的礼品的包裹物是被严密捆绑的大方笥，是"贿赂公行"的丑恶社会现实的反映。

西壁上的器物陈设整洁，感觉气氛轻松惬意，如持名刺迎客的监奴、引领朱鲔的苍头，以及董宣夫人和朱鲔夫人等，他们的表情都喜气洋洋，满室一团和气。在之后的两壁画像上，很难再找到这样轻松愉悦的面孔，而是人心离散、气氛沉闷而紧张。

---

① （美）巫鸿著，郑岩编：《残碑何在：巫鸿美术史文集卷五》，上海人民出版社 2021 年版，第 196 页。

侯霸案前承盘瓿的腹部，刻画着莲花瓣图案，而在其他器物上几乎都没有出现任何花纹装饰，画工是强调器物本身。《拾遗记》上提到周穆王东巡"集诸方士仙术之要"，会西王母于春宵宫，有"冰荷""素莲"之瑞，生"千常碧藕"之奇，"西王母与穆王欢歌既毕，乃命驾升云而去"[1]。这些莲（荷）花、莲藕都与升仙有关。

图 2-35　莲花瓿

马王堆一号汉墓东边箱出土的一件漆木鼎里，发现有残存的莲藕片和鸡骨[2]；同时出土的竹简上提到"九鼎大羹（酐羹）"，即有"不调五味，以贵其质"的鸡羹；竹简还记载了各种类型的"和羹"，诸如"鲜鲟鱼—腌咸鱼—莲藕"和"鲫鱼—莲藕"等的组合[3]。画像上的"莲花瓿"里盛放的，或是热气腾腾的莲藕炖鸡羹。承盘莲花瓿的出现，是夜宴开席的标志。（图2-35）

①〔前秦〕王嘉撰，〔南朝梁〕萧绮录，王根林校点：《拾遗记》卷三，见《汉魏六朝笔记小说大观》，上海古籍出版社 1999 年版，第 510—511 页。

② 湖南省博物馆等编：《长沙马王堆一号汉墓发掘报告》，文物出版社 1972 年版，第 7 页。

③ 张光直主编，王冲译：《中国文化中的饮食》，广西师范大学出版社 2023 年版，第 50—52 页。

　　我们发现，这尊带承盘的瓶上的莲花装饰图案，表现出十分成熟的工艺特征。在打虎亭二号汉墓券顶装饰的壁画上，也发现过数幅莲花图案。[①]而在同时期的器物上，莲花图案比较罕见。当时，安世高和支娄迦谶等西来高僧已将西方净土观念介绍到汉地。这些莲花图案应该属于佛教初传时期的"蛛丝马迹"，特别值得重视。（图2-36）

图 2-36 莲花图案

　　需要指出，西壁上有几处显而易见的刻画上的错误：朱鲔的头上看似一顶大荷叶，原来是被后边董宣的衣带遮挡住了，这不符合透视法原理。如果说打破床屏界限是为了突出表现人物的需要，那么此处衣带的刻画无疑是雕工的失误了。纵观整个石室画像石，雕工在透视法原理上所犯的错误仅此一例。另外，有几处跨屏雕刻处理失当，如左侧有一旁观的家奴站位唐突，与相邻的石屏衔接不够紧密，似从石缝里钻出来的，

　　① 河南省文物研究所编：《密县打虎亭汉墓》彩版六、七、九，文物出版社1993年版，第137页。

透露出两屏不是在同一时期完成的作品。

　　史载侯霸身后，"临淮吏人共为立祠，四时祭焉"①。是知侯霸的祠堂是东汉最早的侯氏祠堂，侯览预作寿藏或受此启发，是侯氏祠堂营造的延续。侯霸夜宴的图像叙事有着强烈的"孕育性"暗示，是表达时间变化的叙事模式。承盘瓿上有莲花图案，而后边出现的瓿上都没有图案，也说明这不是同一堂夜宴。侯览夜宴又是侯霸夜宴的延续，他继承和发扬了"侯门宴"的传统，全景展现延绵不断的家族光辉历史，夸耀先人的英名和丰功伟绩，意在显摆自己出身的高贵，尽管有攀龙附凤之嫌。

　　郑岩在致笔者信中谈到，在同一幅画面上显现事件不同的时间点，过去被认为是佛教传入之后才普遍出现的。笔者认为画工本人正是随同安世高一同来自西域的，画作受佛教绘画的影响在所难免，甚至他本来就更擅长绘画佛经故事。况且"时间并置"②的叙事模式的应用，在汉画像中不乏例证③。观者不难读懂这种"纪念碑式"的艺术叙事。

---

①〔南朝宋〕范晔：《后汉书》卷二十六，中华书局 1965 年版，第 902 页。

② 龙迪勇：《图像叙事：空间的时间化》，载《江西社会科学》2007 年第 9 期。

③ "孝堂山祠堂"东壁上的董宣，即采用了"时间并置"的叙事模式，在同一画面上"分身"表现祠主不同时期的身份（"相"和"令"）转换。参见汪灏、汪海波《"强项令"董宣的祠堂》，载《山东艺术》2022 年第 5 期。

2.3 冠箱：潘多拉的魔盒

2.3.1 傀儡之戏

北壁，即中央后壁，下部画像是全堂故事的核心。左下，连屏大床上坐着二人，分别是汉灵帝刘宏和他的"陪衬人"中常侍张让。（图2-37）

汉灵帝刘宏是河间孝王的玄孙，桓帝的堂侄。他的父亲刘苌封解渎亭侯，刘宏袭爵，基本是一个与帝位无缘的人。河间国的一个亭侯，也仅能满足温饱。汉桓帝崩逝后没有子嗣，窦武征询侍御史刘儵的意见，刘儵推举了解渎亭侯刘宏。于是窦武与窦皇后定策，派刘儵和曹节带领中黄门、虎贲、羽林军1000多人，到河间迎请刘宏。窦太后和她的父亲最终选定年幼的刘宏，也不过想树立一个傀儡，以便长期听政。早在汉桓帝之初，京都即有"车班班，入河间"①的童谣传唱，预示着河间国再出帝王。

刘宏即汉灵帝，登基后改元建宁，窦武为大将军，陈蕃为太傅。陈蕃与窦武同心勠力，征天下名贤李膺、杜密等共参政事，拨乱反正，举国上下气象一新。当时皇帝的乳母赵娆及诸女尚书与曹节、王甫谄事太后，数次私出诏命任用官员，陈蕃与窦武下决心清除宦官，但太后不允。窦武的奏章被宦官盗发，曹节挟持皇帝，立即发动了政变，陈蕃与窦武反被诛灭。这次

---

① 〔南朝宋〕范晔：《后汉书》志十三，中华书局1965年版，第3281—3282页。

图 2-37 后壁线描图

宦官集团与外戚官僚集团争夺小皇帝的斗争，以宦官的胜利而告终。

图2-38　汉灵帝刘宏

宦官击败了窦氏，禁锢党人，把皇帝紧紧攥在自己手中。这次造访大宦官侯览的外宅，刘宏登基才不到两年，大约十四岁。画面上，小皇帝肥头大耳，头戴冕旒，神情漠然，不怒自威，一派帝王气象。（图2-38）他抬起右手挥了一下，向对面床榻上的侯览示意：快收起来吧，藏好！

我们发现，所有重要角色的视线都聚焦在小皇帝身上——以君权为中心。画像上的人物座次值得注意。《史记·项羽本纪》有描写鸿门宴上主人和宾客尊卑不同的位置，可作参照：

项王、项伯东向坐，亚父南向坐。亚父者，范增也。

沛公北向坐,张良西向侍。[①]

进入石室,从观者的角度看,小皇帝和张让正好是"东向坐",即"坐西面东",暗合项羽和项伯的位置,是全堂屏床最尊贵的座位;其次的位置应该是"南向坐",可皇帝相邻的北侧并没有看到屏床,与之相对应的楼上,正面床榻的左侧,有一位贵妇人坐北面南,显然,她的位置的重要性仅次于皇帝,她就是董太后,相当于亚父范增的座位;"舞台上"的乐舞表演者、画工和观者自身,都处在"北向坐"的沛公的位置上,是画像上没有出现的"第三者",但是深度参与其中,没有"我"的参与画像将没有意义,所以这是宴会上第三重要的位置毫无争议。当我们观赏这幅画作时,仿佛也成了画中人,小心翼翼地尝试扮演恰当的角色,而不能置身事外。

右侧的屏床上应该是祠主侯览,在接受皇帝的赏赐,可没有刻画出来,而是留下了大片空白——祠主缺席。其实这里如果刻画出坐着的侯览,反倒与"鸿门宴"上的座次不相符了。我们看到在相邻的东(右)壁上,有一位身材高大的宦官,侧身向左,而且是站立着,暗合"鸿门宴"上张良"西向侍"的位置和站姿,他就是祠主侯览。与鸿门宴一样,这四个位置上的人,无论是站是坐、有形无形,除了主座席上的小皇帝刘宏被

① 〔西汉〕司马迁:《史记》卷七,中华书局 1959 年版,第 312 页。

蒙在鼓里，所有的人包括观者，都把画里画外的人物心理活动看得明明白白、清清楚楚！

按汉画像石上"楼阁拜谒图"的一般规律，祠主应该向皇帝下跪，皇帝挥手示意平身。此处画工作了改动，即隐去了祠主，但从众多的"拜谒人"和"献礼（祭）"仪式的场面上看，祠主明明就坐在那里，却看不见人。

巫鸿分析马王堆一号墓的北边箱时指出：作为死者灵魂在墓中存在的标志，"位"可以用墓主形象或无形空间表示。轪侯夫人头箱布置得犹如一个舞台：

> 四壁上挂着丝质的帷帐，地板上铺着竹席，精美的漆器陈列在一张无人的坐榻前方，坐榻上铺了厚厚的垫子，后面衬以微型的彩绘屏风。这个坐榻显然是为一个不可见的主人准备的……①

墓主的"灵魂"坐在舒适的软榻上，一边享受美食一边观看歌舞。再看祠堂画像，应该也是同样的道理，祠主的"灵魂"在接受赏赐与献祭。这样的艺术处理，既掩盖了祠主与皇帝平起对坐、同食共饮的不臣之实，又揭露了祠主目无君上、骄奢

---

① （美）巫鸿著，郑岩编：《残碑何在：巫鸿美术史文集卷五》，上海人民出版社 2021 年版，第 147 页。

跋扈的不臣之心。

陪侍皇帝的中常侍张让，桓帝时为小黄门，灵帝登基后迁中常侍，封列侯，与曹节、王甫等互为表里，是灵帝时最受宠的"新生代"宦官。史载，张让的家奴倚势弄权，收受贿赂，卖官鬻爵，投机钻营者趋之若鹜。

> 中常侍张让有监奴，典任家事，威形喧赫。孟佗资产饶赡，与奴朋结，倾竭馈问，无所遗爱。奴咸德之，问其所欲。佗曰："吾望汝曹为我一拜耳！"时宾客求谒让者，车常数百千两，佗诣让，后至，不得进，监奴乃率诸苍头迎拜于路，遂共舆车入门，宾客咸惊，谓佗善于让，皆争以珍玩赂之。佗分以遗让，让大喜，由是以佗为凉州刺史。①

画像上的张让面貌清瘦，颧骨微凸，下巴略长，与打虎亭墓中形象相似。他头戴角巾，"角巾"是指有棱角的一种头巾，西壁上的董宣也戴着同款的角巾。角巾是名士之服，相传郭太（林宗）容貌魁伟，褒衣博带，"尝于陈梁间行遇雨，巾一角垫，时人乃故折巾一角，以为'林宗角'"②为世人见慕。张让

---

① 〔北宋〕司马光：《资治通鉴》卷五十六，中华书局 1956 年版，第 1825 页。
② 〔南朝宋〕范晔：《后汉书》卷六十八，中华书局 1965 年版，第 2225 页。

的内心也羡慕名士，他还试图亲近名士。史载张让父死归葬颍川，"虽一郡毕至，而名士无往者，让甚耻之"①。此时，他头戴时尚的角巾，自比与世无争的谦谦君子。同时，画工在强调他的"陪衬人"的次要角色。

张让抬起的右手下方有一只篆顶方笥，摆放的位置十分醒目，在提示观者：这里面装的是十分重要的东西！张让很不情愿打开这只有些神秘的方笥，他右手握拳，仿佛守财奴把一文钱都攥出水来，表现出矛盾复杂的心理：侯览在这次诛灭窦氏的凶险政变中毫无建树，只是制造了一场天下冤狱，借以公报私仇而已，这个阴险狡诈的"不倒翁"，20多年来一直都压在自己的头上……这为侯览最后的结局埋下了伏笔。（图2-39、图2-40）

宦官集团内部的斗争始终都是残酷而激烈的。当他

图 2-39　张让

---

① 〔北宋〕司马光：《资治通鉴》卷五十六，中华书局 1956 年版，第 1821 页。

们整体利害一致，即世族官僚集团要侵犯宦官集团全体的利益时，他们面对打压会爆发出惊人的团结力量，临时抱团，一致对外；而当他们取得暂时的喘息机会时，又会为满足自己一

图 2-40　篆顶方筥

时的权力欲和物质欲而勾心斗角，像小女子一样睚眦必报、锱铢必较，互相嫉妒、互相拆台乃至互相残杀。史载，中平元年（184），封谞、徐奉里通张角事发，灵帝怒骂张让等中官勾结外贼，张让等皆叩头谢罪，脱口而出："此王甫、侯览所为也！"①彼时王甫、侯览因罪伏法已经过去了十多年，那时还没有发生张角之乱。张角奉事黄老②，号"太平道"，是说王甫、侯览与浮屠外道关系密切吧。

《史记·大宛列传》记大宛左右以蒲陶（葡萄）造酒，"富人藏酒至万余石，久者数十岁不败"③，葡萄酒以年久为贵。汉

①〔北宋〕司马光：《资治通鉴》卷五十八，中华书局 1956 年版，第 1867 页。

②〔北宋〕司马光：《资治通鉴》卷五十八，中华书局 1956 年版，第 1864 页。

③〔西汉〕司马迁：《史记》卷一百二十三，中华书局 1959 年版，第 3173 页。

武帝时上林苑建有"蒲陶宫"①，葡萄作为奇花异草种植在宫苑内观赏，还有"魇胜"的神秘寓意。葡萄酒主要是从西域进贡的，一般人也消费不起。《三国志·魏书·明帝纪》注引《三辅决录》，提到孟佗"以蒲桃（葡萄）酒一斛遗（张）让，即拜凉州刺史"②。画像上张让的面前放着一只硕大的酒壶，盖上自带管流，有防止葡萄皮等沉淀物倾出的效果，当是西域进贡的陈年葡萄美酒。

小皇帝床屏后共有六人。左侧两个是仆隶，右侧四个是随行的官员。靠近屏风站立的三人，分别是执金吾董宠、司隶校尉王寓和五官中郎将董重（董宠的儿子）。王寓头戴武弁大冠，身后一捕吏，也是他的"陪衬人"。他们又都是皇帝的"陪衬人"。

此时，窦武举荐的司隶校尉朱寓已遭禁锢，王寓因依附宦官而接替司隶校尉一职，实为助纣为虐的权宦同党。《后汉书》载：

> 御史刘儵建议立灵帝，以儵为侍中，中常侍侯览畏其亲近，必当间己，白拜儵泰山太守，因令司隶迫促杀之。③

---

① 〔东汉〕班固：《汉书》卷九十四下，中华书局 1962 年版，第 3817 页。

② 〔西晋〕陈寿：《三国志》卷三，中华书局 1959 年版，第 93 页。

③ 〔南朝宋〕范晔：《后汉书》志十三，中华书局 1965 年版，第 3283—3284 页。

东汉末年，在世族集团与宦官集团的斗争中，司隶校尉是一个举足轻重的狠角色。《资治通鉴》载：王寓先求荐于太常张奂遭拒，随陷害张奂为党人；同是宦党的段颎接替王寓任司隶校尉后，欲逐张奂而害之。早在桓帝时，李暠为司隶校尉，以旧怨杀苏谦，谦子不韦凿地入室杀其妻儿，又掘其父冢断取头，暠求捕不获，愤恚呕血死。张奂与苏家交好，而段颎与李暠相善，段颎逼迫从事张贤"收不韦，并其一门六十余人，尽诛之"[①]。

汉末最让宦官心惊胆战的酷吏当属阳球。起初，中常侍王甫的养子王吉生性残忍，为沛相五年，杀万余人，凡杀人皆磔尸车上，"郡中憺恐，莫敢自保"[②]，也是一名酷吏。《后汉书·酷吏列传》记载，光和二年（179）阳球任司隶校尉，马上奏请逮捕了王甫、段颎等。"球自临考甫等，五毒备极"[③]，王甫和王萌、王吉父子均死杖下，段颎自杀，"乃僵磔甫尸于夏城门，大署榜曰'贼臣王甫'"。阳球自言先去大猾、次案豪右，京师权门为之震恐，不敢在门口悬挂奢饰陈设之物。阳球大有董宣遗风，可惜生不逢时，没有遇到像光武帝那样的明君。阳球最终被诛杀于洛阳狱中，妻子徙边。

---

①〔北宋〕司马光：《资治通鉴》卷五十七，中华书局 1956 年版，第 1830–1831 页。

②〔南朝宋〕范晔：《后汉书》卷七十七，中华书局 1965 年版，第 2501 页。

③〔南朝宋〕范晔：《后汉书》卷七十七，中华书局 1965 年版，第 2499 页。

　　食案前，有一宦者为皇帝舀承盘瓺中的醢酱。汉代流行食用各种肉羹，瓺的口较小，有较好的保温作用。其上一小黄门，左手持肉串，右手持便面，娴熟地在火炉上炙烤。山东和陕北多见烧烤画像石，孝堂山石祠有胡人用方炉炙烤肉串，陕北地区则多见与之相似的圆形炙炉，如绥德四十里铺[1]和横山孙园子[2]出土的画像石上均有之。（图2-41）

图 2-41　炙烤图

　　小皇帝的右手边有一只圆形器物，是一种和炙炉配套的"染器"[3]，吃烤肉时要蘸热酱，染器即加热豉类佐料的用具。楼上董太后的跟前也有这样一套类似的炙炉，炉上放着同款的染器。他们数辈人都生活在冀州，远离洛阳2500里之外的河间国，受塞外游牧

　　① 李林等编著：《陕北汉代画像石》，陕西人民出版社1995年版，第104—105页。

　　② 康兰英、朱青生主编：《汉画总录9》，广西师范大学出版社2012年版，第224—225页。

　　③ 孙机：《汉代物质文化资料图说》（增订本）之"饮食器Ⅱ"，上海古籍出版社2011年版，第355—357页。

民俗的影响，习惯了胡人的饮食和生活方式。史载，"灵帝好胡服、胡帐、胡床、胡坐、胡饭、胡空侯、胡笛、胡舞"等所谓"服妖"①，又特别爱吃"胡饼（芝麻饼）"②。

楼下女仆的发式与楼上者多有不同。楼上的主仆大多是"副笄六珈"的冠饰，显示了贵族之家的奢华。马王堆一号汉墓出土的双层漆奁内，收藏在下层的一件小漆盒里的假发③，即装扮"副笄"使用的。楼下的女仆多是"堕马髻"，这种发式在当时上流社会十分流行，是梁冀夫人孙寿的发明。史载孙寿善为"妖态"："作愁眉、啼妆、堕马髻、折腰步、龋齿笑。"④她们在以男性为主的人群中，显得风情万种、妩媚妖娆。

女仆在上食，中间一名黄门食监跪坐在案前检查，指食盘问询（品尝），屏后又一食监伸出头，二次检查。盘中食品是"鱼脍"，就是切得细薄的生鱼片。孔子说"脍不厌细"，而在当时鲤鱼被认为是制作鱼脍最好的食材，故时人辛延年有"就我求珍肴，金盘脍鲤鱼"⑤的诗句。"脍炙"都是汉代人口中的美味

---

①〔南朝宋〕范晔：《后汉书》志十三，中华书局 1965 年版，第 3272 页。

②〔北宋〕李昉等：《太平御览》卷六八○，中华书局 1960 年版，第 3818 页上。

③ 湖南省博物馆等编：《长沙马王堆一号汉墓发掘报告》之"漆器"，文物出版社 1972 年版，图版十八（1），第 8 页。

④〔北宋〕司马光：《资治通鉴》卷五十三，中华书局 1956 年版，第 1718 页。

⑤〔东汉〕辛延年：《羽林郎》，见余冠英选注《汉魏六朝诗选》第一卷之"汉诗"，人民文学出版社 1978 年版，第 21 页。

图 2-42 上食

佳肴。（图2-42）

中心立柱上，有看似灌木丛生的装饰图案，或是蓬莱山上的仙草之类。《拾遗记》载，蓬莱山"有浮筠之簳，叶青茎紫，子大如珠……仙者来观"[1]云云，左右两壁顶端的斗拱内，也装饰着相似的花纹。立柱上刻画着一个羽人（飞仙），他是全堂出现的唯一的非现实题材的神仙画像。（图2-43）立体凸起的中心柱，使观者感觉羽人的活动空间并不限于立柱本身，而是超越宴会上人的活动空间之外。羽人绕柱或绕梁，在大殿的半空中自由地飞翔。这不由得让人想起100多年前汉明帝的那场著名的梦境。[2]

————————

[1]〔前秦〕王嘉撰，〔南朝梁〕萧绮录，王根林校点：《拾遗记》卷十，见《汉魏六朝笔记小说大观》，上海古籍出版社1999年版，第559页。

[2] 汉永平中，明皇帝夜梦金人飞空而至。参见〔南朝梁〕慧皎撰，汤用彤校注，汤一玄整理《高僧传》卷一，中华书局1992年版，第1页。

不过在汉画像上展示的神仙世界里，羽人本是西王母的侍者，他是西王母派来迎接祠主飞升成仙的，传说他还掌管着西王母的“不死之药”。汉乐府有《长歌行》，歌曰：

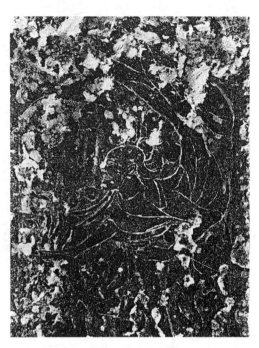

仙人骑白鹿，发短
耳何长。

导我上太华，揽芝
获赤幢。

来到主人门，奉药
一玉箱。

主人服此药，身体
日康强。

发白复更黑，延年
寿命长。①

图 2-43　羽人（一）

此处的羽人长耳披
发，右手臂上托着的像
是一只燃烧的火盘。与之相似的，有打虎亭二号墓券顶上彩绘的两个传递火盘的羽人，火盘里的东西喷射出猩红色的火焰，

———————

① 〔北宋〕郭茂倩：《乐府诗集》卷三十，中华书局1979年版，第442页。

图 2-44 羽人（二）

一只鸟飞来欲抢食盘中物①。（图2-44）

海昏侯墓出土的衣镜上有西王母和东王公的图像：西王母身边一女仆捣药，东王公身旁的侍者捧一盘，里面应该是西王母赐给的仙药，可见东王公没有西王母那样的神通，东王公更似人间帝王（图2-45）。2023年苏富比拍卖的一件汉代金羽人，双膝下跪，双手托

图 2-45 西王母与东王公

---

① 河南省文物研究所编：《密县打虎亭汉墓》彩版二〇，文物出版社1993年版，第286页。

盘，造型似唐代法门寺和宋代宝相寺出土的"捧真身菩萨"。这些火盘里就是仙丹（"不死药"）。画像上，羽人面向皇帝，视线稍低于皇帝，他伸出右手臂，向皇帝的座席作"献食"状，意思是：祝天子千秋万岁、长命未央！

　　献食即"舍利"，接受献食即"受福"。舍利有时写作"猞猁"，有人认为指佛骨或一种中型的猫科动物。邢义田认为，所谓的"舍利禽""受福禽""辟邪禽""阳燧鸟"等，都是汉代的祥瑞之属，"因施舍或予利而后得受福，享受福分"，"舍利和受福反映一种利人利己的人生态度或哲学"①，是给人带来福和利的祥瑞。羽人伸出的手与盘，即表示让皇帝"受福"，盘中燃烧的仙丹自然就是"舍利"。

　　传为"曹操高陵"M2所出的一批汉画像石，其中"画像石一"分为五层，有春秋故事和忠臣孝子列女的故事，最下面一层是神鸟和神兽。左侧的神兽有角，榜题"舍利也"，口衔圆珠（"不死药"），象征赐福献寿；其后一神鸟，榜题"阳遂（燧）鸟"，口中衔节，象征立功献爵；鸟后一兽有角和翼，榜题"辟邪离也"，象征驱凶献瑞；最后一人放猎犬捕捉兔子，榜题"猎人也"，象征富足的游乐生活。这三个带榜题的禽兽都是吉祥瑞兽（禽），是汉代一般读书人毕生追求的理想。从整体画像风格

---

① 邢义田：《今尘集：秦汉时代的简牍、画像与文化流播》，中西书局2019年版，第515页。

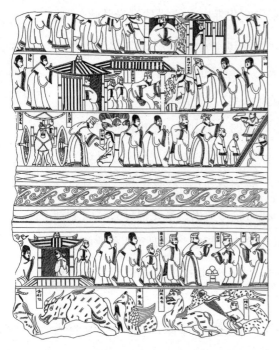

图 2-46　传为"曹操高陵"出画像石

上看，似为桓灵时期的作品，制作要比曹操下葬的时间早得多，而且应该是地面上的小祠堂的一部分，认为出自墓室内部令人费解。（图2-46）

右侧的屏床上本来是祠主侯览的位置，前已言之，祠主的"灵魂"是不可见的"无形之神"[1]。但作为一幅完整的绘画故事，"不可见"也应该有一

个合理的客观的解释，这是宗教与艺术发生冲突时必要的调和。

我们发现，侯览的食案下有两只装满灯油的提链扁壶，像是匆忙间为了应急而临时放置上去的。画工的创作思路是：在献礼的时刻，现场一度骚动不安，惊恐的波斯猫突然挣脱侯览的怀抱，碰倒了灯台，侯览的床榻上一片漆黑，借着黑暗，画

①（美）巫鸿著，郑岩编：《无形之神：巫鸿美术史文集卷四》，上海人民出版社 2020 年版，第 205—219 页。

工对祠主做了"隐身"处理。这种"隐身"在艺术理论上可以解释为"云雾遮盖"①。

宦官大都有养小宠物的癖好，以抚慰他们空虚的心灵。例如张骞通西域后，大量汉地没有的动物进入后宫，西汉时宫中设有专门管理宠物犬的"狗监"。在打虎亭一号汉墓人物画像中的张让夫妻的床榻前，有一只大狗和两只小狗戏耍。日本学者寺尾善雄提到清宫里的高级宦官间流行养哈巴狗。②左下方有一小黄门跪地，在附承旋的筒形尊中舀酒。侯览的波斯猫，那只冥顽不灵的"肇事者"趴在食案下，好奇地捕捉着勺子碰到酒樽发出的轻微响声，跃跃欲试。

汉宫有庞大的造酒"工厂"，设太官主治酿造，汤官奴婢达三千多人，"太官汤官经用岁且二万万"③。上层贵族和豪强之家饮酒成风，大都有自己专门的酿酒作坊。

灵帝即位后，"常曰'桓帝不能作官家，曾无私钱'，故为私藏，复寄小黄门、常侍家钱至数千万"④。皇帝的钱财多得无处可放，惟放心寄存在身边宦官的外宅。

---

① （德）莱辛著，朱光潜译《拉奥孔》第十二章"画家怎样处理可以眼见的和不可以眼见的人物和动作"，人民文学出版社 1979 年版，第 69—74 页。

② （日）寺尾善雄著，王仲涛译：《宦官史话》，商务印书馆 2011 年版，第 27 页。

③ 〔南朝宋〕范晔：《后汉书》卷十上，中华书局 1965 年版，第 422 页。

④ 〔北宋〕李昉等：《太平御览》卷九十二，中华书局 1960 年版，第 440 页下。

上方，有三个人物：前边的束发少年，是小皇帝的侍读（或伴读），也就是他的亲随和小玩伴儿。侍读左手持一枝珊瑚树、右手抱一椭圆形的缣囊，向祠主侯览进献（寄存）皇帝的"赏赐"。《西京杂记》卷一：

> 积草池中有珊瑚树，高一丈二尺，一本三柯，上有四百六十二条。是南越王赵佗所献，号为烽火树。至夜，光景常欲燃。[1]

汉代不惟南越国进贡珊瑚，大秦（罗马帝国）也出产珊瑚。《西域传》记，桓帝延熹九年（166），大秦王安敦遣使来献，"始乃一通"[2]。这些珊瑚都非中国所产，在宫中也并不富有，民间更是难得一见，是传说中的稀世珍宝。曲阜孔庙收藏有早年出自两城山的两枚珊瑚题材的汉画像石：左侧的一位武士，左手持一枝珊瑚树，右手持弯刀，正与右侧的另一位持弯刀的武士拉开架势准备决斗，活生生一幅"夺宝图"[3]！（图2-47-1、图2-47-2）

---

① 〔西汉〕刘歆撰，〔东晋〕葛洪辑：《西京杂记》卷一，中国书店2019年版，第13页。

② 〔南朝宋〕范晔：《后汉书》卷八十八，中华书局1965年版，第2920页。

③ 傅惜华、陈志农编辑，陈志农绘图，陈沛箴整理：《山东汉画像石汇编》，山东画报出版社2012年版，第73—74页。

图 2-47-1 夺宝图（一）

图 2-47-2 夺宝图（二）

汉制封官必赐印，但赐印并不一定同时赐绶。《宋书·礼志上》记载，"其但假印不假绶者，不得佩绶"。侯览的赐印有绶，可以佩带，足以人前风光，耀祖光宗。少年右手抱着的，正是装着印绶的"绶囊"。笔者十多年前曾协助济宁警方鉴定一枚追回的"长沙王玺"，是诸侯王一级的龟钮金玺。印玺当年就是连同绶带一起装在囊中的。（图2-48）

图 2-48 长沙王玺

汉代着鞶囊者，侧在腰间。或谓之傍囊，或谓之绶囊。
然则以此囊盛绶也。①

小皇帝登基的当年九月，奉迎他登上皇位的大将军窦武、
太傅陈蕃等全遭诛灭。以曹节、王甫为首的宦官集团完全把控
了朝政。这场封绶仪式在权宦的私人宅第举行，于礼法不合，
反映了宦官专权、挟持天子、礼崩乐坏的政治现实；同时画工
影射侯览的加官进爵，不过是见不得阳光的暗箱操作而已！

史载，建宁二年（169）十一月，侯览代曹节领长乐太仆②。
长乐太仆是太后宫俸秩二千石的官吏，主驭，由宦者担任。起初
曹节病困，诏拜为车骑将军。侯览诬张俭为钩党，等到长乐少府
李膺、太仆杜密被杀，宦官集团最强硬的敌人基本被清除干净，
侯览以"多杀党人"之功晋升，但曹节刚刚托病辞去的长乐太
仆的职务，侯览迫不及待地接替其职，这事还是有点蹊跷。

长乐宫此时居住的是失势的窦太后，而永乐宫居住的才是
小皇帝的生母董太后，两宫关系敏感，一般人躲之犹恐不及。
曹节在此后不久即恢复了健康，辞将军印，出任大长秋。侯览
是为了丰厚的俸禄，还是那顶诱人的桂冠？我们发现，在宦官

---

①〔南朝梁〕沈约：《宋书》卷十八，中华书局 1974 年版，第 517 页。

②《资治通鉴》卷四十八记建宁二年十一月"长乐太仆曹节病困，诏拜车
骑将军"。参见〔北宋〕司马光《资治通鉴》卷四十八，中华书局 1956 年版，第
1824 页。

集团与窦氏外戚的斗争中，侯览是少有的没有参与政变的大宦官，也许他对窦太后的复辟还寄予希望，或对小皇帝信心不足，不太抱有长远的期望。桓帝在位时，在宦官与梁冀的斗争中，他也是态度暧昧。没有参与政变却得到了封官加爵，他的奸佞圆滑的性格再次暴露无遗。

彼时张让的年龄30多岁，资历和经验远不及侯览，至少侯览这样想。张让身边的篆顶方笥里，装的就是赐给侯览的"长乐太仆"的冠冕。

这件篆顶方笥有个专有的名字叫"匲"①，本是一种漆木的"冠箱"。但看图上，它的造型并不规矩方正，不像是一件精美平整的漆木器，好似用芦苇织成的草编器。史载，灵帝建宁中，京师流行"苇方笥"，时有识者预言"天下人皆当有罪谳于理官也"②。之前这种苇编的方笥只用于郡国收集犯人的罪证，存放断狱案卷、上报廷尉决狱，叫作"谳箧"，本来是件不吉利的凶器，现在却用来盛装冠冕。其是福是祸，寓意不言自明。

右侧跪拜者，是侯览在宗族内领养的"螟蛉子"，即他的继承人。宦官的来源一般有两个：一是受宫刑者，如司马迁；二是自愿者，是宦官的主要来源。"新进来的人以前辈为师或父

---

① 孙机：《汉代物质文化资料图说》（增订本），上海古籍出版社2011年版，第395—396页。

② 〔南朝宋〕范晔：《后汉书》志十三，中华书局1965年版，第3271页。

亲，甘心供其驱使。"①一个自愿者要想取得宦官身份，先要经过一个"犹豫期"，拜一位宫中的大宦官为师（父），同时作为保人，跟从大宦官学习如何侍奉好君主，如用什么腔调和姿态给皇帝回话、如何说好听爱听的话、如何观颜察色拍马屁等，最终才能得到赏赐和自己想要的东西，这些都是对外不传的秘籍。经过一个时期的学习，考核合格后才能正式被阉割，故宦官多是可信可靠的本乡本族的聪明伶俐的少年。

"螟蛉子"本应该是侯览的正宗的"献祭人"，可他的面向没有正对着床榻上。画工着意刻画这个"准宦官"的面部表情，他完全被那株散发着幽幽红光的珊瑚树吸引住了，侧脸只看宝物，对珊瑚树垂涎三尺，心猿意马，他还不知道这株珊瑚树名义上是皇帝的"赏赐"，实则是"寄存"。再看他的装束，他刻意模仿左壁上他的祖先"大常侍"侯渊，又好似祠主人侯览的"镜像"，暗示侯览的发迹也经历过这样的成长之路。画工尖锐地揭示：宦官不会绝种，那些自认阉竖为父、不知廉耻的郡国"恶少年"，不过是一心贪图宦达、不矜名节的势利小人而已！（图2-49）

后边一青年似在指挥和维持献礼的现场秩序，他的身体左侧刻画一"朱"字，他便是侯览的亲信高平人朱并。朱并即

---

① （日）寺尾善雄著，王仲涛译：《宦官史话》前言，商务印书馆2011年版，第4页。

"朱长舒"其人，他一直在东缗的寿藏工地，是处理土地征用、拆迁纠纷和建设工程的监理，由于他经常接触当地的乡民，故东缗人对朱长舒其人印象深刻，直到祠堂废弃很久，还有后人指认刻记他的名字。

朱并亦非等闲之辈。就在两个月前，即建宁二年（169）九月，朱并引燃了"党锢之狱"的火药桶，他是侯览打击报复张俭的得力干将。除了主持修复

图 2-49 "螟蛉子"

寿藏的工程，他还率人破坏了同在高平老家的张俭家族的墓茔。

20世纪出土于济宁微山县两城镇（高平故址）的"汉南"残石，共约30枚有字碎石块，散存100多字，已不可通读，被定为汉灵帝时期的墓碑。发掘者称"由于早年被毁埋于地下，字口如新"①。笔者观察残字，有"距鹿"和"江夏"等较为完整的地

---

① 宫衍兴编著：《济宁全汉碑》，齐鲁书社1990年版，第19—25页。

名。张俭的远祖张耳，曾因巨鹿抗秦有功而被项羽封王；他的父亲张成，曾经出任江夏太守。故此推测"汉南"残石应是张俭为其父新立未久的墓碑。侯览指使朱并捣毁张氏墓茔，砸碎了墓碑，以牙还牙，报了一箭之仇。此刻，张俭望门投止，正在逃亡的路上。

后壁画像所反映的，是侯览一生最荣耀的时刻。他要告诉后人的是，在那个一年之中最漫长、最黑暗的冬节的夜晚，他在私人府第迎来了最高统治者的小皇帝、皇太后和未来的皇后，以及当红的权宦张常侍，并且收到了皇帝"钦赐"的舶来宝物"珊瑚树"和加冕佩绶。那天的夜宴上他风光无限，满堂洋溢着浩荡的皇恩！

有一双犀利的眼睛，仿佛监控探头监视着大堂里发生的一切。他站在祠主屏风背后的左上方，这个位置不易被人觉察到，他的视线却可以覆盖全场，他很冷静地旁观这场热闹的夜宴，不动声色地记录着每个人的神情变化。他是全堂仅有的头部呈完全正侧面的形象（古埃及艺术表现人物的面部多取正侧面），他也是全堂罕见的留有胡须的人物，他深目高鼻，浓密的络腮胡更是明显的胡人面貌特征，他就是"画室署长"，来自罗马或波斯的石室总设计师兼画工，安世高的"保镖"和弟子！（图2-50）

安世高从贵霜和西域带来了佛教，同时带来了异域艺术和一众弟子，其中还有保护他的罗马骑士。罗马戏剧艺术出现很早，据说庞贝城有能容纳四万名观众的大剧场。著名剧作家普劳图斯创作的戏剧中，刻画的人物多是那些"吝啬贪财的父亲、花天酒地的浪子、卖弄乖巧的情妇、自作自受的小人"①之类，作品具有鲜明的民主倾向，通过暗示和隐喻的表现手法，针对社会现实问题，用通俗手法加以斥责，在当时已有普遍意义。同类题材的

图 2-50 画室署长

雕塑和绘画作品为时人所熟知，具有"批判现实主义"的艺术特色。

我们发现，石祠画像的绘画作品稿，无论是从用笔技法还是在布局设计上，都与我们常见的汉画像艺术风格迥然不同。这是一幅宫廷风格的叙事性写实作品，有着完整的因果逻辑关系和画家个人思想的清晰表达。如画面上仅三人有胡须，其中

---

① 启文：《古罗马：英雄时代的神与人》，世界知识出版社 2003 年版，第 201 页。

二人分别是楚汉战争时期的"天下辩士"侯公和东汉中兴之初的定国名臣侯霸，他们都是国家功臣；其余的100多人，除了女人、少年和宦官，不乏朱并、"螟蛉子"之流的"拟宦官"或"准宦官"，他们暂时还不是肉体上阉割的宦官，而是宦官的仰慕者、追随者、继承者和帮闲，是精神上的宦官，是宦官的宦官、奴才的奴才！

　　"画室署长"这位外来的深受佛教熏陶的"旁观者"，身处宫禁之地，见过各种真假宦官，深刻认识到宦官文化的丑陋，他们说着冠冕堂皇、无关痛痒的废话，做着狗苟蝇营、欺世盗名的见不得人的勾当。"画室署长"清醒地以第三者的眼光，冷峻地审视着这场醉生梦死的人间丑剧，忠实地记录在案，鞭挞贪虐，恶以戒世，警示后人殷鉴不远！

　　"画室署长"的视线，最后落在对面的屏风后，五官中郎将董重侧身向左，与"画室署长"的视线聚焦在司隶校尉王寓和执金吾董宠的身上，他们似乎看出什么端倪——仅过了十个月，太后的弟弟、皇帝的舅父、董重的父亲，执金吾董宠即"下狱死"[1]。这说明宦党和后党的斗争从来也没有停歇过，而且是错综复杂的和你死我活的，宦党严密防范外戚集团的崛起，惧怕出现第二个窦武，尽管董宠也是宦党扶持的。董宠的被杀大大削弱了董氏后党的政治势力，在两宫太后最后的博弈中，何太后就是依

---

　　① 〔北宋〕司马光：《资治通鉴》卷五十六，中华书局1956年版，第1824页。

靠自己的兄弟何进赢得了斗争的胜利。

"画室署长"的右侧有个高个子女仆，十分抢眼。女仆双手捧一"缣囊"，装的是皇帝寄存的金珠细软，她侍立在屏风后等待"献礼"，左侧的二人侧脸与她有所交流，三人会心而笑，表情诡异。（图2-51）

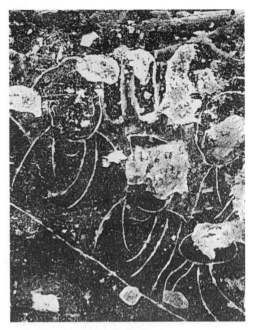

图 2-51 准备献祭

《后汉书·彭宠传》记载，建武五年（29）春，蓟守彭宠被家奴劫持，彭宠命其妻取财宝以自赎，"使妻缝两缣囊"[1]，缣囊成，叛奴不装财宝，反将他们夫妻二人的头砍下，装入漂亮的缣囊中邀功领赏去了，之后彭宠的宗族全数被诛灭。又，《后汉书·杜根传》记载，邓太后怒杀直言进谏的郎中杜根，"令盛以缣囊，于殿上扑杀之"[2]的血腥故事，给"缣囊"赋予了符号性的恐怖色彩。画工画此道具，也是一个预言性的设计。

---

① 〔南朝宋〕范晔：《后汉书》卷十二，中华书局 1965 年版，第 505 页。

② 〔南朝宋〕范晔：《后汉书》卷五十七，中华书局 1965 年版，第 1839 页。

2.3.2 女子之祥

如果说楼下的宴筵人人屏声静气、小心翼翼，矜持肃穆，楼上则是醉不成欢、惊天动地了！

楼上全是女嘉宾。中立柱两侧的主座上，分别坐着董太后、侯母和侯夫人等三位女主角，她们都有各自的"陪衬人"和"献食人"。但她们之间没有明显的交流。

左侧，正面主床靠左边的贵妇人，是小皇帝的母亲董太后。董氏在河间不过一亭侯的偏室，母以子贵，儿子做了皇帝，艰苦的日子总算熬到头，本以为可以进京同享富贵了，但窦太后和大将军窦武不许她随小皇帝一起进京，只是加了个"慎园贵人"的尊号，继续留在河间看守刘苌的陵墓。宦官集团诛灭窦武以后，才迎请并尊奉了董太后，同时拜其兄董宠为执金吾、侄子董重为五官中郎将。《资治通鉴》建宁二年（169）春：

> 帝迎董贵人于河间。三月，乙巳，尊为孝仁皇后，居永乐宫。[1]

母子终得团聚，他们从内心感激宦官，痛恨窦武父女。史载，董太后卖官鬻爵，贪财吝啬，"又还河间买田宅，起第观"[2]；营造万金堂于西园，把国库的金钱缯帛充实其内，时有

---

① 〔北宋〕司马光：《资治通鉴》卷五十六，中华书局1956年版，第1813页。

② 〔南朝宋〕范晔：《后汉书》卷七十八，中华书局1965年版，第2536页。

童谣讽之曰："河间姹女工数钱，以钱为室金为堂。"①这些看似怪异的行为都与她宿贫的生活经历有关，一旦掌权，唯图钱财，把天下都当作自家生意做。侯览的加官，也摆脱不了花钱通关买官的嫌疑。画像上的董太后这时入宫不到一年，是她在京师度过的第一个冬节。

董太后右侧陪坐的贵妇人是勃海王妃，她们俩的关系是河间孝王刘开孙子辈的妯娌，同是来自河间国。这里王妃充当太后的"陪衬人"角色。勃海王刘悝是汉桓帝的弟弟，桓帝在位时大臣弹劾刘悝有不臣之心，刘悝被降为瘿陶王。他走宦官的门路，恢复勃海王的封爵未久，正在京师上下打点。之前她们也应该有过密切的接触。熹平元年（172），曹节和王甫指使司隶校尉段颎诬陷刘悝谋反，诛之；不久宋皇后夺印忧死，这是后话。

董太后左侧的屏床之间是小皇帝的"傅母"，即乳母程夫人，时人称呼她"阿保"，她出身贫寒，又初到京师，尚不懂宫廷规矩，恭敬地跪在太后一侧，小心翼翼地察言观色。

左边相邻的床上跪坐的贵妇人是张让的妻子，她正与董太后交谈。大宦官都有"外室"，有的还妻妾成群，《后汉书·酷吏列传》即有王甫伏法"妻子皆徙比景"②的记载。张让夫人的墓冢即打虎亭二号墓，里面有她与张让同席而坐的彩绘画像，也是一副白白胖胖的贵妇人模样。

---

① 〔南朝宋〕范晔：《后汉书》志十三，中华书局 1965 年版，第 3282 页。

② 〔南朝宋〕范晔：《后汉书》卷七十七，中华书局 1965 年版，第 2500 页。

1981年，洛阳市西工区唐宫路出土了一座东汉墓葬，墓室东壁上绘制一幅大型彩色壁画，有人称之为"夫妇宴饮图"。[①] 榻上的男主人无胡须，头戴似貂皮冠，墓主人当是宦官。左侧同座的是外宅女主人，即这位宦官的夫人；榻屏后有一蹙眉婢女，她是宦官夫妇的"陪衬人"；北壁门侧有一执"拥身扇"的青年，和主人案前的侍者一样，都戴着"狭冠"，也是貂皮冠之类，是宦者身份的标识，他们的角色又分别是"陪衬人"和"献食人"。这幅壁画称作"宦官燕居图"更为准确。（图2-52）

图 2-52 宦官燕居图

左侧屏床上有一位胖大老妇人，她是桓帝的乳母赵娆。乳母干政是东汉兴起的危害政权的一大毒瘤，她们一般是与宦官勾结，结成同盟，即所谓的"妇寺干政"。此时，阿保程夫人正躲在董太后的身旁紧盯着她看。

---

① 洛阳市文物工作队：《洛阳西工东汉壁画墓》，载《中原文物》1982年第3期。

　　程夫人成长很快。史载："程氏贵盛，在帝左右……"①又参与到西园卖官。崔烈即通过程夫人的门路入钱五百万，得到三公之司徒的高官。灵帝后悔卖便宜了，程夫人应道："崔公，冀州名士，岂肯买官！赖我得是，反不知姝邪！"②

　　屏风左侧的小门忽然进来一个小女孩，她十二三岁的模样，落落大方，完全是贵妇人的装扮，把门口坐着的赵娆吓了一跳。女孩是宋某，汉明帝宋贵人的从曾侄孙女、勃海王妃的亲侄女儿，执金吾、不其乡侯宋酆的女儿。宋氏家族与东汉皇室有着千丝万缕的联系，宋某是出身高贵的世袭贵族，一年后的建宁三年（170）她被封为贵人，次年册立为皇后。（图2-53）

　　床榻前有一女仆跪地，似向赵娆奉酒，但赵娆向后扭头，奉

图2-53　宋皇后和她的"陪衬人"

　　①〔南朝宋〕范晔：《后汉书》卷八十一，中华书局1965年版，第2695页。
　　②〔北宋〕司马光：《资治通鉴》卷五十八，中华书局1956年版，第1879页。

酒的女仆实际上面对的是与赵娆谈话的宋某，成了宋某的"献食人"；屏风后有七人，与宋某的面向一致，自然是她的"陪衬人"，显示了女孩的特别重要性。勃海王妃正操着北地方言向董太后介绍着她的侄女，太后招呼女孩，女孩与赵娆有简短交流，右手向太后座位一指，然后很自信地走向主席的座位。

"小皇后"的出现，透露出这屏画像是最晚出的作品。因为侯览曾在皇后封绶大典上充当傧相，此等光辉的历史，侯览不能不大肆炫耀。建宁四年（171）秋，宋贵人立为皇后，侯览以"长乐太仆"的身份，冠冕堂皇地佩戴印绶，出尽风头：

> 宗正读策文毕，皇后拜，称臣妾，毕，住位。太尉袁授玺绶，中常侍长乐太仆高乡侯览长跪受玺绶，奏于殿前……①

侯览虽然官居"长乐太仆"，那只是"填缺挂名"，他与失势的窦太后不会走得太近，而是试图依附蒸蒸日上的宋皇后，以期终生得到小皇后的眷顾。可惜这次他的赌注下错了，以致血本无还，全盘皆输。

屏风后的七人，靠后的两个是女仆，其余五个是女官，即"赵夫人诸女尚书"——赵娆的女儿们。她们原本在窦太后的长

---

①〔南朝宋〕范晔：《后汉书》志五，中华书局 1965 年版，第 3122 页。

乐宫任"典中书"，负责掌管窦太后诏令，参预帷幄。《陈蕃传》载，赵娆及诸女尚书旦夕在窦太后侧，与宦官勾结，谄事窦太后，窦太后信之，数出诏命，有所封拜。建宁元年（168）八月，陈蕃上书：

> 今京师嚣嚣，道路喧哗，言侯览、曹节、公乘昕、王甫、郑飒等与赵夫人诸女尚书并乱天下……①

陈蕃的上书是无法回避女尚书们的，她们惧怕失去权力，所以对大臣们的上书都十分紧张，担心危及自身。女尚书们手眼通天，侯览数次遮截张俭的上书，就是靠这种人的私下操作。建宁元年（168）九月辛亥，窦武由宫禁出宿归府，是女尚书们首先察觉窦武的上书不利于自己和宦官，朱瑀才有机会盗发窦武的奏章，并迅速作出反应，组织武装政变，从此女尚书们与宦官集团正式结盟分享权力。

《资治通鉴》记，"典中书者先以告长乐五官史朱瑀"，李贤注：

> 长乐，太后宫也。太后宫有女尚书五人，五官史主之。②

---

① 〔南朝宋〕范晔：《后汉书》卷六十六，中华书局1965年版，第2169—2170页。下同。

② 〔北宋〕司马光：《资治通鉴》卷五十六，中华书局1956年版，第1810页。

诛杀宦官的密谋泄露，陈蕃、窦武反被诛杀。出卖窦武父女的正是赵娆的女儿们，她们借助宦官的力量铲除了敌对的世族官僚和外戚集团。此后，窦太后失势，董太后被迎请到洛阳，她们又投奔到永乐宫，继续掌管机密诏令。这些出身低微的河间妇人，"附从者升进，忤逆者中伤"，把权力玩弄于股掌之间，深切体会到权力游戏带来的无穷乐趣，不想为非作歹都难！此时的赵娆和她的女儿们，与大宦官曹节、王甫正是互为表里、同舟共济的盟友。

赵娆的榻前整齐地摆放着两只提链扁壶，显示宴会已经进行到一半，灯火正旺，满堂金碧辉煌，宴会达到高潮。

侯览骄横的母亲，陪坐在正席的右侧，一副吆五喝六、盛气凌人的样子，虽是陪坐，俨然是另外一个中心。她的面前跪一女仆，即她的"献食人"，双手捧上一圆形漆盘，里面装着七只羽觞。其实在现实生活中她从没有见过董太后，但她可能陪侍过窦太后，画工采用了"时间并置"的图像叙事模式，让侯母起死回生、穿越两界。侯母看似和贵妇人们一起，正围绕着小皇帝贪财的母亲，觥筹交错，添酒回灯，开怀畅饮着西域进贡的葡萄美酒。

董太后和贵妇人们端着的羽觞里，也是这种高档的紫葡萄陈年老酒。董太后的面前有一只烧烤炙炉和一盘"饺子"。饺子的源头众说不一。晋人束皙《饼赋》提到一种面饼（皮），用

"羊膀豕胁，脂肤相半"，趁"火盛汤涌，猛气蒸作"制成一种叫作"牢丸"[①]的食品，从工艺上看，应该就是蒸饺。用羊、猪（豕）二牲肉，合乎"少牢"的献祭规格，"牢丸"之名或与腊祭有关。"跋扈将军"梁冀给汉质帝进鸩加的"煮（汤）饼"[②]，则是水饺。吐鲁番阿斯塔那唐墓出土的"水饺"[③]实物，长约4.7厘米、宽约2.4厘米，用麦面制成饺皮，呈半圆形，和现在的水饺无异。画像上盘中食品形状略同于今天的水饺，或许东汉时饺子已成为过冬节必备的食品。（图2-54）

汉代的大型筵宴往往通宵达旦，时间长而进食多，客人常常离席呕吐，然后复返，继续进酒食，是奢侈铺张的饕餮大宴。此时太后已经吃不下去了，忙于左右说

图 2-54 饺子、炙炉

---

① 〔唐〕徐坚等：《初学记》卷二十六，中华书局 1962 年版，第 643 页。

② 〔南朝宋〕范晔：《后汉书》卷三十四，中华书局 1965 年版，第 1179 页。

③ 新疆维吾尔自治区文化厅编辑：《新疆文物志资料》第四辑，吐鲁番地区博物馆藏文物"水饺"，文物撰稿人为侯世新，1991 年内部发行，第 157 页。

话应酬。她的案前有一女仆跪地在瓴中舀肉羹，女仆本应该是"献食人"的角色，可她并没有面对太后，说明太后推辞了献食。女仆看到刚进门的宋某，正准备为她献食，一转身不小心碰倒一壶昂贵的葡萄酒。座上的贵妇人们没有人注意到，只有右侧案边站着的婢女看见了。婢女是侯母从老家防东带来的贴身大丫头，也是侯母的"陪衬人"。婢女给侯母递上一片名刺，即拜谒者写着自己官职和姓名的简牍，这片名刺比较小，侯母瞟了一眼，抬头看见宋酆的小女儿，扬起拿着名刺的右手，夸张地举起并大声招呼"这边来坐"。（图2-55）她左侧的贵妇人

图 2-55　侯母和婢女

是司隶校尉王寓的夫人，不知道她招呼的人是谁，下意识地瞥了一眼侯母手中的名刺。

中立柱的右侧，食案前跪着一位年长的胡姬在献酒食。胡姬的面貌和身材都与其他女侍不同，她是西域入汉的舞伎，早年被侯览买入外宅，后来年长色衰，因擅长调制酒肴成了侯府知名的厨娘。她与左壁的老、少二胡奴，

和楼下的“画室署长”一样，都是胡人，他们的脸部都被设计成侧面，这是背井离乡的“画室署长”意味深长的感情流露。

胡姬的面前有一只“二连方瓴”①，里面装的是用于食品调味的佐料“盐豉”，这种佐料在汉代人们的饮食生活中不可或缺②，“齐盐鲁豉”味道最为纯正，驰名京省。看来济宁人爱吃“玉堂酱菜”是早有传统的。

上边正座上，左二是侯览外宅的女主人、性格孤僻的侯夫人，她也是一个独立的中心。左侧陪坐的是她养子的年轻的夫人，也就是她名义上的儿媳，是她的“陪衬人”。

一位头上扎满绢花的活泼的少女，十三四岁的样子，高高地站在右侧的床榻之上。她跟前的案上放着一只大漆盘，里面整齐地摆满了羽觞。

那位跪着的胡姬微微仰头，正面对着簪花少女，成了她的“献食人”。胡姬的头饰是用丝绢结成的一大朵绢花；少女身后的屏风后面站立着五人，除了一个中宫女官，其余四个女侍头上也都用丝绢扎成花朵，造型各不相同：两个年纪较小的女侍的头饰都像是燃烧的火炬，一个年龄稍长的扎成两只兔耳朵，俏皮有趣。这些女侍也是少女的“陪衬人”，说明少女绝非等闲

---

① 孙机：《汉代物质文化资料图说》（增订本），上海古籍出版社2011年版，第367—368页。

② 王子今：《秦汉名物丛考》（增订版），新星出版社2023年版，第15—20页。

之辈，她就是何某，后来的何皇后。（图2-56）

何家本是屠户，史载她"以选入掖庭"，本纪注引《风俗通》说，"后家以金帛赂遗主者以求入也"，是她的父亲费尽心机才把她送进后宫。何某入宫后"甚有宠幸"[①]，于次年与宋某一起册封为贵人，皇帝本想封她为后，但宫里宫外一致反对，董太后当然是第一个反对者，嫌弃她出身低微，皇帝因此没能如愿。画面上，少女本人和她的"陪衬人""献食人"，都没有"副笄六珈"的贵族装束，随意而非正式，与左侧打扮高贵的宋皇后形成鲜明对比。画家在创作时一定是听到了"封后风波"，

图 2-56 侯览夫人、胡姬、何皇后

---

① 〔南朝宋〕范晔：《后汉书》卷十下，中华书局 1965 年版，第 449 页。

知道何某的卑微
出身，有意让她
与小皇后的形象
拉开距离。只是
谁都没有想到，
山鸡真的会变凤
凰！（图2-57）

宋皇后一直
无宠，后宫多谮
毁。曹节、王甫
等枉诛勃海王刘
悝和王妃宋氏，
恐皇后怨之，王

图 2-57　何某的"陪衬人"

甫等人又构言陷害宋皇后，宋皇后于光和元年（178）策收玺绶，
"以忧死"[1]。光和三年（180），何某正式册封为皇后。

先是何皇后生下皇子刘辩，她惧怕宫人嫉妒而加害，偷偷
地养在宫外史道人家。史载何某"性强忌，后宫莫不震慑"，时
有王美人生下皇子刘协，即后来的汉献帝，何皇后鸩杀了王美
人，又欲杀皇子刘协，董太后亲自出面监护、抚养刘协，婆媳
关系雪上加霜。从画面上看，董太后看着进门的宋皇后打招呼，

———————————

[1]〔南朝宋〕范晔：《后汉书》卷十下，中华书局1965年版，第448页。

而远离大声喧哗的何皇后，为两宫最后的生死较量埋下了伏笔。

《资治通鉴》记载，中平六年（189），皇子刘辩即位，何太后临朝听政，何进欲杀宦官，而董重亲近宦官。"董太后每欲参干政事，何太后辄相禁塞，董后忿恚，詈曰：汝今鸧张，怙汝兄耶！吾敕票骑断何进头，如反手耳！"①何太后对她的兄弟大将军何进如此说，何进举兵收董重，董重自杀。史载董太后忧怖，暴崩。

何皇后当初因杀害皇子刘协的母亲而差点被废，是张让、赵忠等众宦官为她"固请"求情，才保住了后位。宦官也寻求与大臣结盟，就连反对宦官最坚决的阳球、曹操和袁绍、袁术都与宦官有着千丝万缕的联系。阳球是中常侍程璜的女婿；曹操的父亲曹嵩是大宦官曹腾的养子，后来曹嵩还贿赂宦官出任过太尉；袁氏父辈被中常侍袁赦"推崇以为外援，故袁氏贵宠于世，富奢甚，不与他公族同"②。侯览试图依附宋皇后做靠山，靠山不稳则命运不济；"十常侍"则完全寄希望于出身卑微的外戚何家，张让的儿子娶的就是何太后的妹妹。执金吾董宠因为没有经过宦官同意，自作主张扶植党羽嫡系，宦官认为早晚是个威胁，"坐矫称永乐后属请"③而下狱死，宦官把他的儿子董重

① 〔北宋〕司马光：《资治通鉴》卷五十九，中华书局 1956 年版，第 1895 页。

② 〔北宋〕司马光：《资治通鉴》卷五十六，中华书局 1956 年版，第 1822 页。

③ 〔南朝宋〕范晔：《后汉书》卷十下，中华书局 1965 年版，第 446 页。

紧紧控制在手中,董重反成了宦官的代言人。是故,当何进站在了他们的对立面时,张让等毫不犹豫地痛下杀手。

董卓进京后冒称董氏外戚,废少帝刘辩立献帝刘协,重提何某逼死董太后之事,为董太后报仇,史载"卓鸩杀何太后"①,次年又杀刘辩,董卓专权。东汉末年宦官与外戚轮番专权的魔咒终于被打破!但并没有人拯救百姓于水火,天下大乱,军阀持久混战,国家分崩离析。这是后话。

其时,何某在主事宦官的操作下初入宫闱,还没有封号,她是跟随皇帝外出游玩的,"陪衬人"都是她的贴身佣人和小玩伴儿。两个床屏之间,露出一个大包袱,或是皇帝寄存的宝贝。何某手里拿着一张时下流行的"蔡侯纸",像天使一样向侯夫人大声宣读皇帝的"寄存清单"。她已经把自己当成皇家的人,把寄存的宝物当成自己家的东西了。三位刚刚进来还没有坐定的贵妇人,发出啧啧赞叹,随喜道贺。女主人傲慢地坐直身躯,把头扭向儿媳一侧,冷笑:又不是赏给我家的东西,有啥可贺的!

侯夫人把头扭向一边,表现出一副对包袱里的财宝不屑一顾的模样。打虎亭墓室画像石上张让的夫人,听到拜谒者的送礼清单时,也是把头扭向一边。她们对物质财富早已经麻痹,内心的空虚寂寞无人诉说,"贫穷得只剩下钱了",她们的古怪

---

① 〔北宋〕司马光:《资治通鉴》卷五十九,中华书局 1956 年版,第 1904 页。

性格就是这样炼成的！

左侧是她的儿媳，头发简单地缠起垂在脑后，坐姿略显扭捏，在同坐的贵妇人中尤其特别，她没有其他贵妇人一样的副笄六珈的装束，像是进入侯家未久的寒门小女子，是她熬不住艰苦的日子和对侯门富贵生活的向往，才劝说她那游手好闲的丈夫投奔到大宦官门下的吧。

2.3.3 蔡侯纸

何某手里的"蔡侯纸"，即宦官蔡伦发明的植物纤维纸。在用纸书写的初期，很多简牍时代的习惯仍然延续。邢义田认为，蔡侯纸大小仍如竹木尺牍，长一尺左右，在纸上先画较窄的界格，使纸张仿佛编联的简，再在栏界中书写，则字体大小和过去差不多。

身为宦官的蔡伦，因为这项影响人类文明进程的伟大发明而名垂史册，他和司马迁给宦官阴暗丑陋的整体形象平添了不少光彩。汉和帝时，蔡伦为中常侍，后加位尚方令、长乐太仆，封龙亭侯。本传：

自古书契多编以竹简，其用缣帛者谓之为纸。缣贵而简重，并不便于人。伦乃造意，用树肤、麻头和敝布、鱼网以为纸。元兴元年奏上之，帝善其能，自是莫不从用焉，故天下咸称"蔡侯纸"。①

"纸"原本是一种昂贵的缣帛，属丝绸之类，汉时作为书写的载体与简牍同时使用，统称"简帛"。蔡伦用植物纤维，分十一步流程②，造出一种成本低廉的用于书写的新型材料，仍习称"纸"。天下得其便利，都称"蔡侯纸"，以区别于原来使用的"缣帛纸"。当时蔡伦发明植物纤维纸才60多年，已经风靡天下，宫中和文人士大夫尤其喜欢使用。20世纪50年代，新疆民丰出土了一小块东汉时期的"尼雅纸"。③东汉的纸张还比较厚，外观挺括，粗糙不平。居延汉简即有"五十纸重五斤"的记录，"一纸重达一两半以上，可见相当厚"④。是故有学者认为这种较厚较粗的纸可能主要用于包裹，而非书写。但宫中和贵族使用的"蔡侯纸"，应该加工得较为平滑而细致。蔡邕书写太学石经，字远大于简牍上的字，似乎已使用特别制造的大纸，可见造纸术在东汉末年又有了重大改进。笔者推测，所谓的"飞白

---

① 〔南朝宋〕范晔：《后汉书》卷七十八，中华书局 1965 年版，第 2513 页。

② 孙机：《汉代物质文化资料图说》（增订本），上海古籍出版社 2011 年版，第 330—333 页。

③ 李晓岑、郭金龙、王博：《新疆民丰东汉墓出土古纸研究》，载《文物》2014 年第 7 期。

④ 邢义田：《今尘集：秦汉时代的简牍、画像与文化流播》，中西书局 2019 年版，第 585 页。

书"，就是这种新型书写材料的缺陷，造成墨迹干涩的"败笔"，而不是传说中的蔡邕等的刻意创造。

何某的手上是一张罕见的"蔡侯纸"的汉画像。（图2-58）

图2-58 手持"蔡侯纸"的何某

画工先在缣帛纸上画出这张"蔡侯纸"，然后再刻在石头上，用两种媒材反复记录另一种新型媒材，画工一定体会到"蔡侯纸"的奇妙处，有意识地刻画出来，这是外来的"画室署长"对"蔡侯纸"的最高礼赞！

但是，"蔡侯纸"仍不如缣帛轻柔平滑，很难绘制像石室画像这样繁密细致的大幅作品。"蔡侯纸"虽然广泛使用而且已经传播到西域，但作为古老的书写材料的"缣帛纸"并没有完全退出历史舞台。传为蔡邕所作《饮马长城窟行》有"呼儿烹鲤鱼，中有尺素书"[1]的诗句，时人通信还是习

———————

① 刘玉伟、黄硕评注：《玉台新咏》卷一，中华书局2016年版，第73页。

用造价昂贵的缣帛纸，以郑重其事。因此，两种纸同时使用，共存了很长时间。

像这种精细的汉画像石的原始手稿，就是画在轻柔平滑的素缣上。缣帛纸昂贵，创作技艺要求高，是宫廷画工的专用品。侯览石室的画像，首先是由画工在小型缣帛纸上设计出小稿，然后逐步放大，可能需要放大数次，每次放大都用整幅的特别织就的一定比例的专用缣帛纸，又经过多次修改和放大誊描，最后形成与石壁等比例的大图纸，前后草稿的用纸量极大，一般的贵族之家都难以办到。今天仅看汉画像石的精粗繁简和制作的大小，即可知画师所用线描稿材质的优劣和技艺的高低。

还有一件相关的大事。随着纸的发明和不断改良，拓碑成为可能，从而催生了印刷术。史载熹平四年（175）"春，三月，诏诸儒正五经文字，命议郎蔡邕为古文、篆、隶三体书之，刻石，立于太学门外"①，后世称之"熹平石经"，标志着官定的儒家经典首次颁布天下，书体得到统一规范。更为重要的是，人们从此可以用"蔡侯纸"拓印石经，打破了贵族阶层对知识的垄断，使儒家经典的传播与传承更加准确便捷，对中国政治思想史产生了深远的影响。蔡邕和蔡伦一样，都在人类文明进程中作出了重要贡献。

---

① 〔北宋〕司马光:《资治通鉴》卷五十七，中华书局1956年版，第1834页。

北壁是画像故事的重头戏，人物超过全堂总人数的一半，主题围绕着小皇帝和他的母亲，展开的一堂场面宏大的冬节夜宴。这是写实的宫廷"夜宴图"，也是虚拟的祠堂"献祭图"。

2.4 白貂：最后的花押

最后一个场景，千唤万唤始出来。祠主侯览不再遮遮掩掩，终于登台亮相了！（图2-59）

纵观全堂画像，西壁上约30人，北壁54人，而东壁只有20人。东壁与前面两壁上人声鼎沸的热闹场面形成了强烈的视觉反差，可以明显感受到祠主身后的凄凉。

侯览送走了皇帝一行，又返回大堂，看到宾客不知何时也都散尽，传食供使的奴婢都已退场，只剩下几个家奴在一边袖手旁观，等候主人的指示。灯光渐渐暗淡下来，舞台早已落下了帷幕，空旷的大堂突然变得死寂一片，冷冷清清。这时，帝都的夜已经很深了。

一切成为过眼云烟。侯览像幽灵一样独自转到皇帝的座位，他看到案上的漆盒，有些愤怒地猛然踏上了床榻，连床的屏风随之一颤，帷幕上部出现一道松弛的弧线。这个专横骄奢的大宦官权势熏天，手中的权力堪比君主，甚至掌握着君主的命运。他见过宫廷中太多的风云变幻和生杀予夺，深知小皇帝的"工具性"和作为傀儡的象征意义，当然他也深知张让的崛起对自

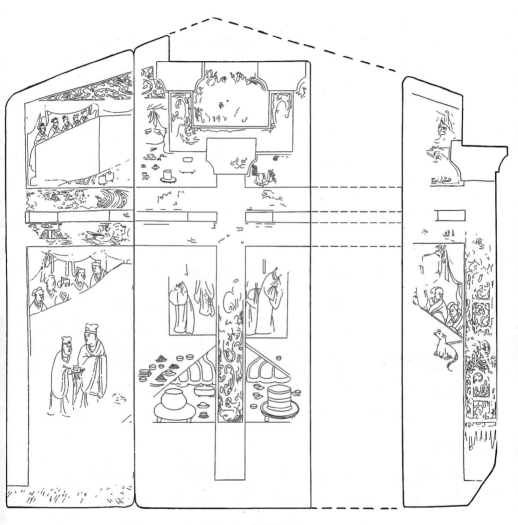

图 2-59 东壁线描图

己潜在的威胁，但他自信更胜一筹：曹节已病入膏肓，来日无多；王甫幽闭太后，得罪天下；张让属于晚辈，他应该分得清利害选边站队，现在看他虽然是皇帝身边的红人，但仍然听命于己。

我们注意到，小皇帝身躯的右侧好似被左边的石屏遮挡住了，看上去形象并不完整。这种雕工的"失误"在别处也出现过，但所雕人物都不是重要角色。观者不免发问：皇帝不是整个画像上的坐标中心吗？如果说最初的画稿小皇帝就应该雕刻在这个位置上，雕工会根据石屏对接的实际情况作出必要的调整，况且还有调整的余地。其他重要人物如侯霸、侯览、张让等的身躯都是完整的，且都居于所在石屏的中间。这就不得不让人怀疑，究竟是雕工的失误还是故意为之。当雕工发现图纸与石屏诸多不合时一定会问画工，画工再请示东家，主人最后默认顺应"天意"，于是雕工潦草完事。侯览或想，这是小皇帝在京师度过的第一个冬节，说不准也是最后一个冬节的晚餐。

酒壶和羽觞早已撤下，换上了琉璃碗盏。食案上摆放着三盘王母枣、一摞梯形漆盒和两只匜觥，地上有一只簠形盛，里面放着调膳的仙（幻）药，旁边散放着数盏药膳。食膳即主食，是用稻黍加干果、蜜汁蒸成的干饭。

梯形漆盒是一种便携式的"文具盒"，安徽马鞍山东吴朱

然墓有过相似的器物发现[①]。漆盒由上小下大的三个长方形漆盘
叠合组成：上层存放简牍和纸缣；中层为笔架盘，搁置毛笔，
同时放置墨丸、印信、封泥、书刀和磨刀石等琐碎小物件；下
层是磨墨汁用的漆砂砚池。漆砂砚出现得很早，在江苏邗江一
座西汉墓中，曾出土一件独立的漆砂砚盒[②]，砚体表面髹漆，用
银箔贴饰图案，装饰十分考究华丽；漆砂砚一般都是木胎髹
漆，安徽寿县发现的一具约
东汉中期的漆砂砚盒，则为
夹纻胎髹漆工艺[③]。这些说明
漆砂砚至少在西汉时期已经
出现，工艺复杂多样，且在
两汉到三国一个相当长的历
史时期广为流行。漆砂砚盒
的出现是汉代贵族生活艺术
化的反映。（图2-60）

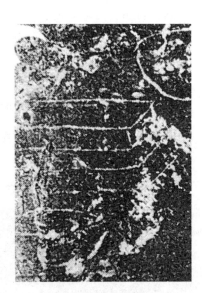

图 2-60 漆砂砚盒

　　漆盒摆放在皇帝的座前，
并没有打开过。侯览本来想

---

　　① 安徽省文物考古研究所、马鞍山市文化局：《安徽马鞍山东吴朱然墓发掘
简报》，载《文物》1986 年第 3 期。

　　② 李则斌：《汉砚品类的新发现》，载《文物》1988 年第 2 期。

　　③ 安徽省文化局文物工作队、寿县博物馆：《安徽寿县茶庵马家古堆东汉墓》，
载《考古》1966 年第 3 期。

趁着皇帝酒后高兴，顺便请求他下几道谕旨，好安排自己的亲信和宾客到地方上"历练"。最近请托的很多，看来侯览的算盘未能如意，所以他有些窝火气恼。让这件仅见的"雅器"无辜地沾染上了世俗的风尘！

兕觥是由犀牛角制成的特殊酒杯，商周时即有仿作精美的青铜酒器，汉代发展出更多的制造材料。广州南越王博物院展出的一只出自墓主人头箱的玉雕兕觥，工艺复杂，是南越王珍爱的宝物。（图2-61）这种造型的酒杯与西方的来通杯极为相似，因仿犀牛角，俗称"抵触"之器，它的出现有着多重的寓意。兕觥常用于筵席上行令罚酒，也称"罚爵"，用此角，含有约束"酒戒"[①]的微意。据说兕觥还有试毒、"解鸩"的神奇功效。这两只兕觥在食案上摆放得并不整齐，有一只像是随手扔在案头，几乎掉到了地上，提醒观者的注意：这是一只使用过的兕觥！现在，两只兕觥都摆放在祠主的面前，不知他是否理解其中的深意。对于皇帝来说，梁冀毒杀

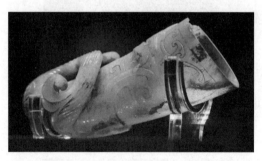

图2-61 南越王墓玉犀角杯

---

① 王子今：《秦汉名物丛考》（增订版），新星出版社2023年版，第452页。

质帝①的前鉴未远，还心有余悸；对于张让来说，他与侯览之间心有灵犀，既相互利用，又相互竞争、相互提防；对于祠主而言，画工是想警告侯览：约束自我，当心罪罚！

侯览看着食案发呆：小皇帝只吃了两枚王母枣，没有用药膳，张常侍饮食也很谨慎……他感觉有点冷，抄手呆立了良久，心中悻悻然。身后有人递上一盏调制好的热气腾腾的药膳，侯览知道是他最亲信的小黄门、"自己人"段珪，但他并没有接过药盏。他们两人都戴着宦官特有的"金珰右貂"。（图2-62）此处段珪和屏风后的五个神情肃穆的家奴，都是侯览的"陪衬人"。

图 2-62　侯览与段珪

①〔北宋〕司马光：《资治通鉴》卷五十三，中华书局 1956 年版，第 1706 页。

我们发现，画像上100多个人物几乎人人面孔不同、各具性格。段珪长着一张拉长的"驴脸"，唯唯诺诺，把"陪衬人"的艺术角色演绎得活灵活现。可见画工的创作依据现实生活，是对人物原型的忠实写真。这种深厚的人物画像基本功，宫廷画工们最为擅长。

段珪忧心忡忡，他看出皇帝内心有一丝的不愉快，他还在担心新皇帝会不会继续追究他们合伙置地的事儿。此前被济北相抓住不放，双方大打出手、互有死伤，他每想起这件事儿都心有余悸。这时，侯览在小兄弟面前马上恢复了"大哥的自信"，他的脸上隐隐闪过一丝不易察觉的轻蔑而狡黠的冷笑，仿佛在说：哼！放心吧，多大点事儿！

侯览在这里本来应该担当皇帝的"拜谒人"，遥相呼应西壁上侯霸的"陪衬人"角色，让画卷浑然一体，玉振金声。可是他的姿势和面向又刻意回避，他不甘心做小皇帝的"拜谒人"，狂妄地以"帝师"自居。侯览的形象，透露出他卑微作态、奸佞圆滑的复杂的性格特点。他的回首，只是与侯霸的瞬间呼应，与段珪短暂的神情交流，他的身躯仍然向右，被铺展中的画卷裹挟着前进，欲停风不止，欲罢势不能，让人产生一种幻觉：灯光渐渐暗淡下来，侯览像是一个演员，被舞台上的几束聚光灯集中照亮，他的周围变得一片漆黑。只见他踌躇满志，俨然是舞台上的一个绝对中心。这时，隐隐听到一个低沉沙哑的画外音响起："太晚了，演出该结束了！"

东壁上的人物和器物有明
显的减少，就连衣纹线条都简
化了，人物形象萎靡不振。（图
2-63）恭立送客的监奴瘦了许
多，疲惫不堪，强打精神，与西
壁上迎宾的监奴形象形成鲜明对
比。右侧床屏后，一面阳燧镜被
随便地丢弃在犄角旮旯的地上，
暗示没人再在乎那些繁琐的礼
仪、以后也没有献祭的人了。一
位年轻的女仆无精打采，她又困
又饿，站着打瞌睡，被身旁的老
仆小声训斥，女仆露出一脸的愁
苦相。女仆和床榻前的二监奴，
还有一只寻寻觅觅、饥肠辘辘的
白貂，成了侯览最后的"献祭
人"。（图2-64）

回看侯览的夜宴（北、东
二壁），整体上有一种令人窒息
的压抑感。男男女女各怀鬼胎，
郁郁寡欢，人人表情冷漠木讷，
愁苦哀伤，像一个无底的黑洞，

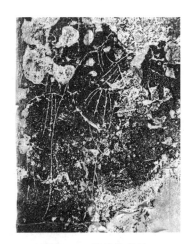

图 2-63 送客的家臣

图 2-64 女仆和白貂

让人看不到光明和希望。前面提到孙寿作"啼妆""堕马髻"等，"京都歙然，诸夏皆放效"，成为时尚。无独有偶，在洛阳出土的"宦官燕居图"中，主人的榻屏后也站着这样一个愁眉苦脸的婢女。岂知"妇女忧愁、踧眉啼泣"①貌，这是上天的警诫、不祥的征兆！

楼上，左屏后有五人，三人是头戴"副笄六珈"的"家人"，右侧的女仆看着她们，像是等候指令：等待，还是退场。床榻前只剩下两只扁壶，随便地放着，与开宴时整齐摆放的两组扁壶形成对照，暗示这时已经油尽灯枯。贵妇人们都散了（原石有残缺和磨损），女主人看似已经离场，身后留下满地的杯盘狼藉，空气中弥漫着烤羊和酒菜佐料混合的怪味。床屏后侍候的女仆们，还在等待主人最后的下场。斗拱右下方，好像有个女仆跪着开始拖地打扫了，她的身边出现一只熏香笼子，这是一种里面装有小行炉的竹篾提笼②，行炉里点燃的是外国进贡的名贵香料。（图2-65）

战国时楚人使用香熏，用以点燃香草闻香。汉代不同于前代，香料主要靠进口，当时流行的博山炉或与升仙有关。陕北地区出土的汉画像石中，博山炉常常与西王母仙界同时出现。

---

① 〔南朝宋〕范晔：《后汉书》志十三，中华书局1965年版，第3270—3271页。

② 中国社会科学院考古研究所编辑：《满城汉墓发掘报告》（上），文物出版社1980年版，第66页。

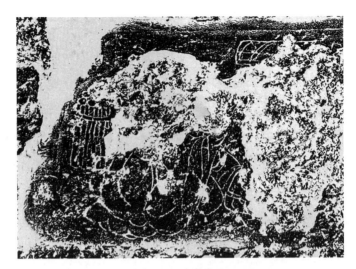

图 2-65　熏香笼子

孙机认为"熏香的风气是自南向北逐步推广的"①，高级香料最先由南海输入。广州的南越国王墓出土多具熏香炉，残留有来自西亚的乳香块。自张骞以来，西域的"苏合香"和"大秦迷迭（迭）"②等外国香料先后进入汉地，其中很大一部分是随着佛教一起进来的，甚至成了僧侣结交宦官的一种最受欢迎的见面礼。

　　香料的主要功用是掩饰异味。张衡《同声歌》有"鞞芬以狄香"③的诗句，即言用外国进贡的香料熏皮革制成的长靴。桓

---

　　① 孙机：《汉代物质文化资料图说》（增订本），上海古籍出版社 2011 年版，第 413 页。

　　② 〔北宋〕李昉等：《太平御览》卷九八二，中华书局 1960 年版，第 4847 页。

　　③ 刘玉伟、黄硕评注：《玉台新咏》卷一，中华书局 2016 年版，第 65 页。

帝时有个老侍中口臭，"帝乃赐以鸡舌香，令含之"①，侍中不识，误以为毒药差点吓死；宦官因阉割而造成的体臭味，需要用浓郁的熏香遮掩，宫中黄门和宦官之家当是用香最早、需求量最大的群体。之后胡香风靡贵族之家，香炉、香熏成为时尚，闻香观器的乐府古诗大兴，如写香料的《行胡从何方》和写博山炉的《四坐且莫喧》，汉末闻香之风已经渗透到寻常百姓家，香囊成了闺房不可或缺的好物，《孔雀东南飞》即有"红罗复斗帐，四角垂香囊"②的诗句。

熏笼上方侍女的背后有一只似枕（画面残缺）的器物，应该是收纳杯盘碗盏的一种竹编的长提盒，打虎亭一号墓北耳室北壁画像上也曾出现过，表明已有仆人在收拾残局。

侯览家的宠物，一只白貂出现在结尾处。与之前的两件器物"莲花瓿"和"苇方筒（冠箱）"，形成一条"证据链"而被赋予了象征意义，它们分别是"侯门开夜宴：慎终追远、祖先祭祀""潘多拉的魔盒：危险的权力游戏""最后的花押：祠主盖棺定论"等三大主题。

画面上，白貂正可怜巴巴地寻找着食物。传说白貂身上有一种臭腺，作为宠物的白貂要阉割后才能除臭。它有美丽的皮

---

① 〔清〕孙星衍等辑，周天游点校：《汉官六种》，中华书局1990年版，第116页。

② 刘玉伟、黄硕评注：《玉台新咏》卷一，无名氏作"古诗为焦仲卿妻作"，中华书局2016年版，第89页。

毛和锐利的爪牙，这只看似温顺可人的小兽，实乃天性狡诈而凶残的无情杀手。

晋文公身边有阉者“寺人披”，名为“勃貂”者；齐桓公身边有自宫献媚者，史称“寺人貂”。如此看来，“貂（刁）”或是寺人的别称，或是装束。“竖刁乱齐”①成了宦官祸国乱政的代名词，“貂”就成了宦者特有的标识，侯览身后的献祭者也脱不掉貂的装束。画工巧借白貂作为最后的“花押”，恰似在卷轴画的结尾处钤印封泥，为侯览的寿藏关门落闩、盖棺定论！

掩卷回顾，我们发现，石屏之间刻画风格存在较大的差异，不是同一个画工和雕工、在同一个时期一气呵成的作品。侯览最早作此石室，时间当在延熹二年（159）封高乡侯之后。画像最初设计的中心主题，很可能是反映他接受高乡侯或东缗侯的印绶、招待桓帝一行的家宴，那时他的母亲还健在。张俭捣毁侯览的寿藏后，侯览不是简单地维修石室，而是及时改动了画像的主要人物和主题内容，见风使舵，紧跟时代风向标，不停地提出修改补充意见，每次重刻都要整屏替换，拆散建筑物重新安装扣合，以致让画工和雕工都失去了耐心，感到厌烦。如大量明讽暗刺的预言式的内容，透露出画工内心强烈的反感；画面上大片的留白，或留待即将的安排；早期“遗失”的两块石屏，拆下后尚未来得及更新安装；西壁右侧的朱鲔和董宣一

---

① 〔南朝宋〕范晔：《后汉书》卷七十八，中华书局 1965 年版，第 2507 页。

屏，刻工出现了明显的技术性失误；后壁左侧的张让和小皇帝二屏，刻线略显迟疑、生涩，应该是修改后重新加刻的；小皇后画像的出现，说明这是建宁四年（171）秋后的作品。由此判断，石室前后打磨了十多年，最终也没有定稿完工。

侯览并不急于完成自己的预作寿藏工程，按桓帝时侯览30岁任中常侍计，建宁初他的年龄约在50岁，他每天吃着天下美味和秘制的"药膳"，父兄子侄、门生爪牙遍布州郡，他呼风唤雨，正春风得意，自信前程似锦，还有大把的时间和机会……

（熹平元年五月）长乐太仆侯览坐专权骄奢，策收印绶，自杀。①

侯览的自杀，史书上看不出有什么征兆。当时朝堂之上当权者多是宦官和宦官的代言人，司隶校尉刘猛虽然偏袒士人，但也绝不敢得罪宦官，又逢改元大赦天下，侯览恰在此时策收印绶，或可从这场夜宴中看出一些端倪。

侯览以为曹节就要病死了，按资历也应该轮到自己了，才急于抢走永乐太仆的桂冠，胁迫皇帝为自己加冕。人在高位容易膨胀而不自觉地迷失方向，况且侯览不把年轻的张让、赵忠和段珪看在眼里。他想在宦官中树立自己的绝对领导权威，在

① 〔北宋〕司马光：《资治通鉴》卷五十七，中华书局1956年版，第1828页。

处理与窦氏余党问题上态度暧昧，脚踏两只船，又对将来的宋皇后抱有长久依托的期望。曹节病愈后发现大权旁落，原来的亲密盟友变成了竞争对手，他必定设计挽回声望和权力。侯览的罪名是"专权骄奢"，放在他们任何一个大宦官身上都准确无误，死有余辜。罪名不过是个借口。

我们发现，侯览自杀的时间存在着疑点。《资治通鉴》记熹平元年（172）五月侯览自杀，又记同年七月有人书朱雀阙门上，有"曹节、王甫幽杀太后"语，《考异》曰：旧云"常侍侯览多杀党人"。按时览已死，恐误。今去之。①《后汉书》本传上没有提到侯览自杀的具体月份。标语既出，诏命司隶校尉刘猛逐捕书写标语的人，刘猛不肯急捕，遂以段颎代之。颎乃四出逐捕，"及太学游生系者千余人"，刘猛论输左校。刘猛是宗室，性格懦弱，他做司隶校尉任职时间很短，侯览自杀的时间应该在同年十月后，当时段颎担任司隶校尉。

侯览的自杀应该与两件事有直接关系。一是窦太后之死。侯览没有参与到宦官集团与窦氏外戚的政治斗争中，是与窦太后没有直接矛盾的少数大宦官之一。窦太后死于熹平元年（172）六月，因下葬规格问题在宫中引起轩然大波。以曹节、王甫为首的宦官集团多数派坚持用贵人礼，他们唯恐一天有人给窦武

---

① 〔北宋〕司马光：《资治通鉴》卷五十七，中华书局1956年版，第1830页。

翻案，自己死无葬身之地。而唯独侯览不怕，一旦侯览领导宦官，不能保证他不会顺应潮流给窦武翻案，这恰是曹节、工甫最担心的事情。

二是勃海王的自杀。桓帝时勃海王刘悝被贬后，求王甫帮助复国，许谢钱五千万，后来刘悝不肯兑现，王甫怀恨在心，他密查到中常侍郑飒与刘悝交往，令段颎收郑飒送北狱，诬以"谋迎立悝，大逆不道"的罪名，令刘悝及王妃宋氏自杀，家人官员一百多人皆死于狱中，王甫等十二人皆以功封列侯。"十常侍"集团就是这时萌芽的，事在同年十月。宋皇后的地位受到威胁，侯览不在"十常侍"之列，地位也受到威胁。

侯览任职在窦氏的长乐宫，靠山又是宋皇后，立场站在了曹节、王甫等宦官多数派即"十常侍"的对立面，侯览因此遭到排斥。酷吏段颎雷厉风行、手段毒辣，最终逼迫侯览自杀。侯览之死是宦官内部斗争的结果！

天下没有不散的宴席。侯览自杀后，树倒猢狲散，阿党者皆免。我们不知道"螟蛉子"和朱并等人后来的故事，是不是又找到了新的主子。但我们知道段珪改换了门庭，投奔到新的靠山张让门下。段珪或早已看出侯览的孤立失势和张让的风生水起，处在底层的宦官生存的法宝就是"察言观色"，他完全可能主动揭露侯览的"专权骄奢"，从而立功得到曹节、王甫和张让的信任。侯览死后，段珪非但没有受到牵连，反而得到升迁重用，成为权力核心的"十常侍"之一，是东汉王朝最后的掘墓人。

当局者迷，旁观者清。侯览石室的"预作"画像，总体上看更像是一个大预言，都是"画室署长"意料中的事儿，也是今天的观者意料之中的事儿。历史经验表明，宦官权臣难有得善终者，前有蔡伦、左悺和管霸等，后有王甫和赵忠、张让、段珪等"十常侍"，乃至后宫所有的宦者两千余人，无一幸免。宦官里当然也有刚正不阿者，如吕强，但在那个黑暗邪恶、血腥污浊的宫廷里，一样玉石俱焚、不得善终。此时宦官普遍热衷于预作寿藏，大长秋赵忠奢华的预作寿藏最终却成了少帝刘辩的寝陵。①侯览机关算尽，最后也没有埋到自己长期准备、精心雕琢的寿藏。

侯览的寿藏半途而废，从此无人问津，终成烂尾，变成了貂狐狸猫出没的无主荒冢，间有乡绅和儒生探幽访古、辨正题记。不知过了多少年，寿藏被泛滥的济水淹没，埋入地下。再次被发掘出来时，人们记忆全失，侯览的预作寿藏变成了"朱鲔石室"。1800多年后，石室拆散的十一块画像石屏离开家乡，迁入山东省石刻艺术博物馆收藏，其中三块较为完好的石屏登上山东博物馆的大雅之堂。画中人每天都面对参观者的疑惑：

---

① "初平元年二月，葬弘农王于故中常侍赵忠成圹中，谥曰怀王。"参见〔南朝宋〕范晔《后汉书》卷十下，中华书局1965年版，第451页。

这幅具有批判现实主义精神的美术作品，是汉代人穿梭时空的他乡重逢吗？

附表：剧中人物（按读图顺序）

墙壁	屏号	序号	姓名或称谓	籍贯	官职或角色	爵位俸秩	关系备注	画像中的位置
西壁	1	1	侯霸	密县	大司徒金印紫绶	则乡哀侯万石（月谷三百五十斛）	中兴初祖	下左一
		2	侯渊	密县	大常侍	二千石	侯霸叔公	后左一
		3	侯公	（未详）	天下辩士	平国君	远祖	后左二
		4	侯霸夫人			中二千石	中兴祖母	上左一
	4	5	朱鲔	淮阳（？）	平狄将军少府卿青绶拜谒人	扶沟侯迁成德侯中二千石	侯门弟子侯霸晚辈	下右一
		6	董宣	陈留圉	洛阳令拜谒人	一千石	门生故吏	下右二
		7	老少仆隶	匈奴	陪衬人		家奴	后跪2人
		8	朱鲔夫人			二千石		上右一
		9	董宣夫人	陈留圉				上右二

（续表）

墙壁	屏号	序号	姓名或称谓	籍贯	官职或角色	爵位俸秩	关系备注	画像中的位置
北 壁	6	10	灵帝	河间	中心人物		（刘宏）	下左二
	5	11	张让	颍川	中常侍 大长秋 陪衬人	都乡侯 二千石	大宦官 皇帝亲信	下左一
	6	12	董重	河间	五官中郎将 迁骠骑将军	比二千石	太后侄 董宠子	后左六
	5	13	王寓	（未详）	司隶校尉 陪衬人	比二千石	宦党	后左五
		14	董宠	河间	执金吾 陪衬人	中二千石	太后兄 皇帝舅	后左三
		15	宋某	平陵	建宁皇后	秩比国王	王妃侄女	上左一
		16	赵娆	河间	平氏君	同上	桓帝乳母	上左二
	6	17	张让夫人		（未详）			上左三
		18	五女尚书	河间	永乐宫典 中书 陪衬人	六百石	赵娆的 女儿们	后左一 （5人）

（续表）

墙壁	屏号	序号	姓名或称谓	籍贯	官职或角色	爵位俸秩	关系备注	画像中的位置
北 壁	6	19	程夫人	河间	陪衬人	（不详）	灵帝乳母	后左二
		20	董太后	河间	慎园贵人	孝仁皇后	永乐太后	上中一
		21	宋氏	平陵	勃海王妃陪衬人	二千石	太后姒娣皇后姑母	上中二
		22	王寓夫人		陪衬人			上中三
	7	23	侯览母亲	防东			（已故）	上中四
		24	束发少年	河间	献祭人		皇帝伴读	下中一
		25	朱并（长舒）	高平	献祭人		侯览亲信	下中二
	8	26	螟蛉子	防东	准宦官献祭人		侯览养子门生	下中三
	9	27	画室署长	罗马或波斯	祠堂设计师兼画工	四百石黄绶	安世高弟子	后右一
	8	28	侯览儿媳		陪衬人			上右一
		29	侯览夫人	洛阳			宅女主	上右二
		30	胡姬	西域	厨娘献食人			上右三
		31	何某	南阳宛	灵思皇后	秩比国王	生少帝辩	上右七

（续表）

墙壁	屏号	序号	姓名或称谓	籍贯	官职或角色	爵位俸秩	关系备注	画像中的位置
东壁	10	32	侯览	防东	中常侍长乐太仆祠主人	关内侯高乡侯二千石	大宦官宅男主	下左二
		33	段珪	济阴	小黄门陪衬人	六百石	侯览亲信合伙人	下左一

第三章

苞苴梦：打虎亭墓主张让说

　　打虎亭汉墓，位于河南郑州新密市绥水流经的平原台地上，远看似高低起伏的小山丘。（图3-1）1960年的考古发掘表明，这是两座砖石混合的东汉多室墓，西部较高的墓冢定为一号墓，编号M1，东部紧挨着的较矮的墓冢定为二号墓，

图 3-1　封土冢全景旧影

编号M2。一号墓内保存着大量的汉画像石，二号墓内残留着丰富的彩绘壁画。据清嘉庆十七年（1812）所立《常十冢图记》①，碑记墓主人名叫"常十"，附近村民习惯称墓冢为"常十冢"，至今流传着常十救驾②的传说。安金槐等根据《水经注》的记载，又提出墓主为张伯雅一说，得到孙作云等学者的赞同。

　　笔者通过对墓冢地理位置、墓葬形制规格和M1墓室内人物画像内容的研究，结合民间传说和发掘报告等信息，综合研究分析，认为墓主人是宫中手握重权的大宦官，即东汉末年"十常侍"之首的张让。张德（伯雅）或是张让的兄长，他的墓冢当另有所在。

1."张伯雅说"质疑

　　打虎亭汉墓的早期研究者安金槐等，根据《水经注》的记载，提出打虎亭一号汉墓的墓主人是张伯雅③。郦道元在《水经注》中记道：

---

　　① 河南省文物研究所编：《密县打虎亭汉墓》，文物出版社1993年版，第351页。

　　② 河南省文物研究所编：《密县打虎亭汉墓》，文物出版社1993年版，第350页。

　　③ 河南省文物研究所编：《密县打虎亭汉墓》，文物出版社1993年版，第355页。

（洧水会绥水后）东南流，径汉弘农太守张伯雅墓。茔域四周，垒石为垣，隔阿相降，列于绥水之阴。庚门表二石阙，夹对石兽于阙下。冢前有石庙，列植三碑，碑云：德字伯雅，河内密人也。碑侧树两石人，有数石柱及诸石兽矣。旧引绥水南入茔域，而为池沼，沼在丑地，皆蟾蜍吐水，石隍承溜。池之南，又建石楼、石庙，前又翼列诸兽。但物谢时沦，凋毁殆尽。夫富而非义，比之浮云，况复此乎？①

郦道元详细记述了张伯雅墓茔的地理环境和墓园的建筑配置。洧水与绥水汇合后，由西北向东南流，经过张伯雅墓茔，茔域由石垣围起，建筑物随地势高低错落，隔阿相接，排列在绥水的南侧（阴）。墓门向西（庚），门有二石阙，阙下二石兽；墓前有石庙，并列三块石碑，碑记墓主叫张德，字伯雅，是河内密人；碑侧竖立着两个石人，还有几个石柱。当初营造时，曾引绥水向南（穿过石垣）注入墓茔区域，在墓地的东北偏北方位上造了一个人工蓄水湖"池沼"，雕刻有"蟾蜍（蛤）吐水"和石渠流水的人造景观；池沼的南边又建有石楼，石楼前的两

---

① 王国维校，袁英光、刘寅生整理标点《水经注校》之"洧水"篇。其中"河内密人"当为"河南密人"、"石庙前"应为"石楼前"。上海人民出版社 1984 年版，第 700 页。

侧陈列着雕刻的各种飞禽走兽。

　　这个庞大的墓园引起郦道元的重视。从记载上看，其石阙、石兽、石庙和石碑等布局，与武氏祠汉墓群相似（图3-2）；而墓侧的两个石人，类似曲阜原位于北海太守（相）麃季公墓前的二守门"亭长"（图3-3）；所谓的石柱，北京西郊曾出土过两件东汉石柱，上刻"汉故幽州书佐秦君神道"[①]，是神道的标志物；所谓石垣，是指整个墓园区垒有石围墙，而不是指墓冢的护土矮墙。

图 3-2　武氏祠石阙旧影

　　真正令郦道元感到震惊的是"池沼"，以及池沼里的"蟾蜍吐水"和"石隍承溜"。《资治通鉴》载：中平三年（186），"帝

---

　　① 北京市文物工作队：《北京西郊发现汉代石阙清理简报》，载《文物》1964 年第 11 期。

使钩盾令宋典修南宫玉堂，又使掖庭令毕岚铸四铜人……又铸天禄、虾蟆吐水于平门外桥东，转水入宫"①。"虾蟆吐水"即"蟾蜍吐水"，原来它是向宫内供水设施，也是洛阳平城门外一道著名的景观。张伯雅的墓园出现"蟾蜍吐水"等景观，郦道元认为墓主僭越规制。郦道

图 3-3　曲阜汉石人

元看到的"池沼"已经荒废，故感叹"物谢时沦，凋毁殆尽"，批评张伯雅不过一太守，修筑如此奢华的墓园，劳民伤财，鄙视他为臣不忠、为富不仁！

　　郦道元对张伯雅墓茔的观察特别细致，但他没有写高耸的墓冢封土，也没有提到"两墓相连"的打虎亭墓冢这一最显著的外貌特征。另外，郦道元提到张伯雅墓"庚门表二石阙"，即阙门朝向西方。而打虎亭的墓道朝向正南，石阙面对段山（杨岭），段山如一道天然屏障横贯东西，墓茔的选址有当时的地理

---

　　①〔北宋〕司马光：《资治通鉴》卷五十八，中华书局 1956 年版，第 1883 页。

环境的考虑。

从墓冢营造规格上看，打虎亭汉墓逾制太多。封土高度是由墓主人的身份和官爵决定的，我们今天看到的打虎亭汉墓周长220米，封土尚有15米高，而东汉的帝王陵的高度也不过如此。如原陵、显节陵、敬陵、慎陵的高度大都在15米左右，之后的康陵、怀陵、静陵等都只在10米左右。[①]

坟之高有定制。《汉律》云：列侯坟高四丈，约合13.3米，"过高者或自削之，或以得罪"[②]，超过定制可能会遭受最严厉的刑罚。《潜夫论·浮侈篇》记"明帝时，桑民枞阳侯坐冢过制髡削"[③]，"髡削"即剃光头发，这在当时是一种仅次于砍头的罪罚。山东邹城庙东村的高平王墓高度即四丈[④]；河北蠡县蠡吾侯墓的封土仅高7.9米[⑤]。今M1封土已是帝王陵的规格，也只有东汉末年的大宦官才敢如此无法无天、胆大妄为。打虎亭墓冢高度明显地僭越规制，郦道元为什么没有提及呢？

---

① 杨宽：《中国古代陵寝制度史研究》附表二"东汉陵寝规模表"，上海人民出版社2016年版，第233—235页。

② 杨树达撰，王子今导读：《汉代婚丧礼俗考》，上海古籍出版社2000年版，第107页。

③ 〔东汉〕王符著，〔清〕汪继培笺，彭铎校正：《潜夫论笺校正》卷三，中华书局1985年版，第140页。

④ 《山东邹城市郭里镇庙东村东汉砖墓》，见《中国文物报》1998年2月4日。

⑤ 河北省文物研究所：《蠡县汉墓发掘记要》，载《文物》1983年第6期。

大宦官是距离皇权最近的人，在他们眼中看到的皇帝没有神圣的光环，甚至感觉智不如已，特别是东汉末年频繁更换的傀儡小皇帝，让他们看清所谓的"天子"不过是任人摆布的一个小儿，宦官忌惮天下不服才不敢觊觎皇位，但是幻想着做"帝王师梦"，在个人生活上就更加无所畏忌了。中常侍赵忠是汉灵帝最宠信的宦官之一，灵帝常谓"张常侍是我公，赵常侍是我母"，赵忠在家乡、封地和京师洛阳都建有堪比皇宫的深宅大院。早在桓帝时，赵忠还是小黄门，他的父亲死了，下葬时就敢使用玉衣。他为自己建造的预作寿藏也达到了"帝王陵"的规格。

灵帝末年，上层贵族营造奢华的墓茔成为时尚。《水经注》提到卒于熹平元年（172）的荆州刺史、高平人李刚的墓碑、石阙和"祠堂石室三间"①，极其富丽堂皇；中平四年（187）所立安邑长尹俭墓，"冢西有石庙，庙前有两石阙，阙东有碑，阙南有二狮子相对，南有石碣二枚，石柱西南有两石羊"②等，制作工丽。但郦氏都没有提及他们墓冢的高度，一般贵族和官吏还不敢僭越制度。

---

① 王国维校，袁英光、刘寅生整理标点：《水经注校》卷八，上海人民出版社1984年版，第290页。

② 王国维校，袁英光、刘寅生整理标点：《水经注校》卷三十一，上海人民出版社1984年版，第986页。

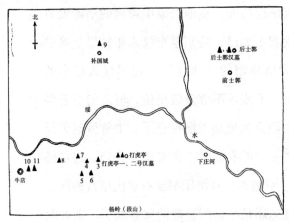

图 3-4 打虎亭汉墓群

据当地文物部门的调查，发现绥水流域的打虎亭一带，尚有十余座汉墓（图3-4），推测是贵族家族的一个大墓葬群。看来二者未必是同一座，张伯雅墓应该另有所在。依郦氏记载看，打虎亭汉墓东北不到5公里处发现的后士郭汉墓，地合张伯雅墓。从打虎亭汉墓所处的地理位置和墓冢封土的高度来看，墓主比所谓的"弘农太守"张伯雅的官爵要高得多、权势还要大得多，应当是朝廷专权的大宦官、"十常侍"之首的张让。（图3-5）

图 3-5 张让

2.“十常侍”的时代

日本学者寺尾善雄说：“通观历史，没有宦官参与政治的王朝可以说是没有的。但是，这不单单是一个人的罪过，而是专制主义所具有的必要恶。”[1]宦官为祸，无过于东汉末年的“十常侍”之乱。

《后汉书·宦者列传》[2]记载：张让，颍川人，少时即在宫中做事。桓帝时为小黄门，灵帝时迁中常侍，封列侯。以搜刮暴敛、骄纵贪婪见称，极受灵帝宠信。灵帝末，张让、赵忠及夏恽、郭胜、孙璋、毕岚、栗嵩、段珪、高望、张恭、韩悝、宋典等十二人，皆为中常侍，封侯贵宠，他们的父兄子弟布列州郡，所在贪残，为人蠹害。黄巾既作，盗贼糜沸，中平元年（184），郎中中山人张钧上书曰：

> 窃惟张角所以能兴兵作乱，万民所以乐附之者，其源皆由十常侍多放父兄、子弟、婚亲、宾客典据州郡，辜榷财利，侵掠百姓，百姓之冤，无所告诉，故谋议不轨，聚为盗贼。宜斩十常侍，县头南郊，以谢百姓，遣使者布告

---

① （日）寺尾善雄著，王仲涛译：《宦官史话》，商务印书馆2011年版，第3页。
② 〔南朝宋〕范晔：《后汉书》卷七十八，中华书局1965年版，第2534—2537页。

天下，可不须师旅而大寇自消。①

　　灵帝见书大怒，斥责张钧狂妄，张钧反被"十常侍"杀害。事实证明，"十常侍"与张角确有交通。中平元年（184），豫州刺史王允破黄巾，缴获了张让宾客与黄巾往来的书信，报告给灵帝。灵帝怒骂张让，张让叩头陈说不知情，灵帝气消了也不追究，倒是王允被谗，下狱论死罪，大将军何进与杨赐、袁隗"共上疏请之，得减死论"。②

　　中常侍封谞、徐奉交通黄巾事发，坐诛。灵帝又怒责张让等："汝曹常言党人欲为不轨，皆令禁锢，或有伏诛。今党人更为国用，汝曹反与张角通，为可斩未？"张让等一边叩头一边回道："故中常侍王甫、侯览所为。"③当时王、侯二人已死十多年，灵帝竟然也不再追问。

　　皇甫嵩率军讨伐张角，路过邺，见中常侍赵忠舍宅逾制，奏请没收入官。张让曾向皇甫嵩私下索要贿钱五千万，皇甫嵩不给。于是张让和赵忠联合起来奏报皇甫嵩边战无功，空耗国库，皇甫嵩因此被夺印受罚。中平二年（185）六月，以讨张角

①〔北宋〕司马光：《资治通鉴》卷五十八，中华书局1956年版，第1867—1868页。

②〔北宋〕司马光：《资治通鉴》卷五十八，中华书局1956年版，第1876页。

③〔南宋朝〕范晔：《后汉书》卷七十八，中华书局1965年版，第2535页。

大行封赏，灵帝以张让等十二中常侍功劳最大，均封列侯。这样颠倒不明的赏罚，让天下士人都寒了心！

阳球任司隶校尉时，矛头直接对准曹节、张让等大宦官。阳球既杀王甫，曹节见王甫惨状，泣而感叹："我曹可自相食，何宜使犬舐其汁乎？"上奏皇帝说阳球凶残，不宜留在司隶。有诏迁阳球为廷尉，阳球闻变，求见灵帝，苦谏"前虽诛王甫、段颎，盖狐狸小丑，未足宣示天下。愿假臣一月，必令豺狼鸱枭各服其辜"[①]，灵帝不听。曹节、张让等权势复盛，用事如故。郎中审忠、中常侍吕强上书劝谏，帝不能用。有志之士试图用非常手段解决宦官问题。《三国志》裴松之注引用孙盛《异同杂语》，记载了曹操刺杀张让一事："太祖尝私入中常侍张让室，让觉之；乃舞手戟于庭，逾垣而出。"[②]曹操时任洛阳北部尉，英雄侠气，初露锋芒。《三国演义》借用了这段历史，演绎出曹操献刀欲图董卓的故事。

"十常侍"们权势熏天，他们侵占大量肥沃的土地，建造豪华的宅邸和园林水池，拥有天下最好的宝器珍玩，过着奢侈腐败的生活，妻妾成群，强抢民女充实庄园，天下士人稍有反对的声音，他们必致之于死地。以张让、赵忠为首的"十常侍"专权，直接导致了东汉王朝的灭亡，故史家论"东都缘阉尹倾国"。

---

①〔北宋〕司马光：《资治通鉴》卷五十七，中华书局 1956 年版，第 1852 页。

②〔西晋〕陈寿：《三国志》卷一，中华书局 1959 年版，第 3 页。

　　打虎亭汉墓所在的新密市，东汉时称密，属于河南尹。密县与颍川郡为邻，颍川是张让的故乡，史载"张让父死，归葬颍川"①，说明他们家族的祖茔也在颍川。但作为一个阉割出家的宦者，死后是没有资格入祖茔的。密县打虎亭一带或是张让的封地，或是他购置的墓茔地，就像防东人中常侍侯览，也是在毗邻家乡的东缗县的土地上另辟墓地，别作寿藏②。

　　张让受桓、灵二帝的宠信和重用，掌握权力将近40年，他的父兄子侄遍布州郡，颍川张氏族人中自然不乏生前依附张让，死后也陪附入葬密县茔域者。在绥水流域狭长的平原台地上，张让墓冢居其开阔的平原中部，面山背水，位置优越，最为高耸壮观。《水经注》记载张伯雅墓在绥水与洧水汇合后的流域，应该就是后士郭汉墓中的一个，墓门朝向西南，面向张让墓冢方位。

　　张让族人兄弟把持地方，作恶多端，史有明记。桓帝时，张让的弟弟张朔为野王县令，他剖开孕妇的肚子取出婴儿取乐，司隶校尉李膺追捕他，他畏惧逃到京师，藏在张让外宅的暗室"合柱"中。李膺破柱，取出张朔，随后正法。③张让欲救不能，既悲又恨。灵帝时，张让陷害李膺为党人，李膺终遭杀害。

---

① 〔北宋〕司马光：《资治通鉴》卷五十六，中华书局1956年版，第1821页。

② 〔南朝宋〕范晔：《后汉书》卷七十八，中华书局1965年版，第2534—2537页。

③ 〔北宋〕司马光：《资治通鉴》卷五十五，中华书局1956年版，第1784页。

从名字上看，张让和张德更像是亲兄弟，张德字伯雅，或是张让的兄长。史书上找不到弘农太守张德的名字，我们不知道任何关于他的身份来历和生平事迹。郦道元虽然看到墓碑，但所记语焉不详，如说张德"河内密人"，记载明显有误。或是张德死后，张让在皇帝面前为他兄长求来的"加官"，是追认的二千石大夫的哀荣。

张让有机会为兄长营造墓茔，同时为自己预作寿藏。中平二年（185）春，大疫。这时南宫云台殿和乐成殿门先后发生火灾，张让、赵忠等趁机劝说灵帝，令敛天下田亩税十钱，以修宫室、铸铜人。发太原、河东、狄道诸郡材木及文石，每州郡部送至京师。《资治通鉴》：

> 黄门常侍辄令谴呵不中者，因强折贱买，仅得本贾十分之一，因复货之，宦官复不为即受，材木遂至腐积，宫室连年不成。刺史、太守复增私调，百姓呼嗟。[1]

天下疫灾，皇宫又发生火灾，张让、赵忠等建议搜刮民财，重建宫室，在征调建筑材料，宦官奉诏验收，他们从中牟私自肥，把砖石木材和技术工匠都调去营造自己的私宅和寿藏了，以致宫室建设无人问津，连年不成。

---

[1]〔北宋〕司马光：《资治通鉴》卷五十八，中华书局1956年版，第1877页。

中平六年（189），何进召董卓入京，董卓上书斥责张让"浊乱海内"，"今臣辄鸣钟鼓如雒阳，请收让等以清奸秽！"[1] 张让非常恐惧，营造工程因此而暂停下来（墓主死亡之前预作寿藏工程不告完工）；后袁绍入宫尽杀宦官二千余人，张让投河自杀，自然不会被埋入他为自己精心打造的奢华的墓园。赵忠也在这场宫廷变乱中被杀，没能埋进自己预备好的墓穴，他的预作寿藏最终成了少帝刘辩现成的陵寝。[2]张让的墓冢也可能被列入过备选方案，或许因为个性张扬的墓室画像才被放弃的吧。由此推测，洛阳周边还存在着一定数量的宦官预作的"空冢"。

清末曾有人打开观看，嘉庆十七年（1812）的《常十冢图记》有"秦大爷拨夫将各冢平伐凿开验看，俱系空墓"的记载；发掘报告称墓室被盗一空，说明其是没有使用过的一座空冢。200多年后的郦道元没有注意到这两个"小山丘"的特别，因为地面上已看不到任何建筑遗迹了。

张让的寿藏原来也一定是一座庞大的仿皇家陵园，石垣、石阙、石庙、石人、石柱、石楼、石兽，假山假水、蟾蜍吐水等，一样也不会少，只是还没有完工就被彻底捣毁了。

---

[1]〔北宋〕司马光：《资治通鉴》卷五十九，中华书局1956年版，第1898—1899页。

[2]"初平元年二月，葬弘农王于故中常侍赵忠成圹中，谥曰怀王。"参见〔南朝宋〕范晔《后汉书》卷十下，中华书局1965年版，第451页。

3. 画像中的墓主信息

从打虎亭M1画像风格上看，与侯览的祠堂（即"朱鲔石室"）画像最为接近。侯览是与张让同时代的大宦官，侯览的预作寿藏是宫廷"画室署长"的得意作品。张让墓室画像的画师应该也是黄门画者、宫廷画工里的顶尖高手。观其墓葬规模又在侯览墓之上，不仅墓室大了许多，而且装饰有画像石和壁画。费慰梅没有提到"朱鲔墓"里有画像石，李德渠也回忆说没有发现墓室画像石。从人物画像内容可以看出墓主的身份和生平履历。

M1墓室里的人物故事画像，即反映墓主人生前生活相关的画像，共有30多幅、200多人，甬道和前室有6幅大型"行贿图"，其余约24幅分布在南、东、北三个耳室，内容分别是"庄园图""庖厨图""祭祀宴饮图"。中室和后室没有画像。

史载，张让的家奴倚势弄权，收受贿赂、卖官鬻爵，投机钻营、送礼求见者络绎不绝，趋之若鹜。《资治通鉴》：

中常侍张让有监奴，典任家事，威形喧赫。孟佗资产饶赡，与奴朋结，倾竭馈问，无所遗爱。奴咸德之，问其所欲。佗曰："吾望汝曹为我一拜耳！"时宾客求谒让者，车常数百千两，佗诣让，后至，不得进，监奴乃率诸苍头

迎拜于路，遂共舆车入门，宾客咸惊，谓佗善于让，皆争
以珍玩赂之。佗分以遗让，让大喜，由是以佗为凉州刺
史。①

进入墓室的甬道，首先看到的是左右两壁各有超过一米高
的大型画像石，内容反映的正是大宦官张让的宅第宾客盈门，
有个家奴向前来拜访的宾客私下里讨价还价、索要贿赂，另一
个家奴在一旁放风。（图
3-6）

甬道东壁画面上，有
一位手持羽扇（麈尾）的
"名士"，指点少年"拜
谒者"，向宦官跪呈礼单。
"名士"当是少年的父亲，
请托同乡同族的大宦官作
保人，引领自己的儿子入
宫。宦官出身阶层复杂，
未必都来自贫寒家庭。请
大宦官作保引领，是净身
入宫的必经之途。跪拜的

图3-6 甬道西壁

———————

① 〔北宋〕司马光：《资治通鉴》卷五十六，中华书局1956年版，第1825页。

少年恰似当年的张让，是
他入宫时的情景再现。
（图3-7）

　　进入大宦官门下的
少年，不一定都阉割做
宦官，还会有一种可遇
不可求的机会成为新贵
族。王甫的两个养子应
该是本家族近支兄弟的
晚辈，做到了永乐少府
和沛国相的职位，都是
二千石的高级官吏。《典
论》记"孝灵末，百司

图 3-7　甬道东壁

涸酒，酒千文一斗。常侍张让子奉为太医令，与人饮，辄去衣
露形，为戏乐也"①。张让的这个"螟蛉子"叫张奉，他一定不是
张让的亲儿子，因为张让是少年入宫的，可能是张德的儿子过
继的。张奉娶了何太后的妹妹，从此飞黄腾达，官运亨通，他
与人饮酒时竟然"去衣露形"，沾沾自喜地夸耀，虽然出于大宦
官张让门下却没有被阉割。

_____

　　①〔北宋〕李昉等：《太平御览》卷百四五，中华书局 1960 年版，第 2776 页
上。

　　通过石门，进入前室，两壁画像的内容是：宾客向守门的家奴行贿、交接礼物（图3-8）；两个身材肥胖的家奴抬着一只硕大的酒壶，向墓室内行进，后面跟着一个家奴，双手提一件沉重的大方笥，都是表现墓主张让的家奴受贿接礼的情形（图3-9）。

　　这只抬着的大壶里，装着的是葡萄酒。汉武帝时，上林苑种植葡萄，但只是作为奇花异草观赏，葡萄酒主要还是西域进贡的，一般人消费不起。《史记·大宛列传》记载，大宛左右以蒲陶（葡萄）造酒，"富人藏酒至万余石，久者数十岁不败"[1]，葡萄酒以年久为贵。西凉引进葡萄较早，且大量种植葡萄，据说酿造葡萄酒。《三国志·魏书·明帝纪》注引《三辅决录》记载，孟佗"以蒲桃（葡萄）酒一斛遗（张）让，即拜凉州刺史"[2]，说明了葡萄酒的珍贵，张让在葡萄酒的产地安排了"自己人"，从此不缺享用葡萄酒了。

　　前室西壁（图3-10），榻上坐着的即墓主张让和他的妻子，他们正看宠物犬追逐嬉戏。案前放着一只用绳索捆扎的大方笥，此物在墓室画像中频繁出现。孙作云认为"此长方形物，为宾客们所送的礼物，实等于贿赂，后人谓之'苞苴'"[3]。《荀子》

---

　　[1]〔西汉〕司马迁：《史记》卷一百二十三，中华书局1959年版，第3173页。

　　[2]〔西晋〕陈寿：《三国志》卷三，中华书局1959年版，第93页。

　　[3] 孙作云：《河南密县打虎亭东汉画像石墓雕像考释》，载《开封师院学报》（社会科学版）1978年第3期。

图 3-8 前室西壁南

图 3-9 前室东壁南

图 3-10 前室西壁北

记载商汤因大旱而对上天祷告祈雨，辞曰：

> 政不节与？使民疾与？何以不雨至斯极也！
>
> 宫室荣与？妇谒盛与？何以不雨至斯之极也！
>
> 苞苴行与？谗夫兴与？何以不雨至斯极也！[①]

东汉末年政治黑暗，贿赂盛行，朝堂之上多是谄媚佞进的小人。画工有意创作和刻画主人受贿的场景，是对丑陋的社会现实的深刻揭露和无情批判，墓主不以为耻、反以为荣。这种

---

① 方勇、李波译注：《荀子》，中华书局 2011 年版，第 453 页。

题材的作品在绘画史上都极为罕见。

画像上，有二监奴急匆匆地进来，递上一张名刺。一监奴秉烛（卮灯），张让在灯下观看名刺和礼品清单，左侧的监奴指手画脚地讲述来客的请托。张让面容清瘦，颧骨微凸，与"侯门宴"上的形象相似。墓主半夜做梦也忙着收礼，死了还想着收礼，视收礼为生活平常。这反映了权宦私欲膨胀不可遏制，生理和心理上都极度扭曲变态。

大宦官都有他们名义上的妻妾。寺尾善雄在分析宦官娶妻的心理驱动时说："因为宦官被人们歧视、轻蔑，所以他们要追求心灵的安宁。"[1]然而这些嫁给宦官的女人们的心理驱动又是什么呢？她们成了宦官的妻子，被社会轻蔑、被亲戚歧视，成了朋友间闲话的笑料，她们的心灵又有谁来慰藉？回顾"侯门宴"上的侯夫人听到何某宣读"礼单"时，把头扭向一边，表现出对钱财没有兴趣的孤傲，她们现在真正地痛恨这些身外之物。和宦官一样，是她们的父辈羡慕豪门的富贵生活，她们又年幼无知，才嫁给不人不鬼的宦官，付出了终生幸福的代价。这时张让夫人看到送礼清单，听到家奴汇报"拜谒者"所送的财宝和请托，不耐烦地把头扭向一侧，继续逗狗取乐。

与主人画像相对的东壁上，右侧一人身姿和手势都有些怪

---

① （日）寺尾善雄著，王仲涛译：《宦官史话》，商务印书馆 2011 年版，第19 页。

异：他忙着指挥众家奴搬运礼品、打扫门庭、准备果食迎接宾客，累得站立不稳，左手掐"兰花指"，右手扶中间的人，这个不男不女的人是张让的大管家，即外宅府第的宦官总监奴。（图3-11）

图 3-11 前室东壁北

贪财是宦官的本性，因为贪财才成为宦官的，宦官的小圈子其实也是个大社会，大宦大贪、小宦小贪。寺尾善雄说，宦官是黑暗专制的产物，同时宦官集团内部也是一个黑暗的专制王国，"数以千计的普通宦官必须对有实力的上级宦官唯命是从"①。大宦官外宅家中也用宦官服务，在东汉末年是十分普遍

———————

① （日）寺尾善雄著，王仲涛译：《宦官史话》前言，商务印书馆 2011 年版，第 4 页。

的现象，宦官集团内部等级森严，大宦官也多是从小宦官成长起来的。在侯览的祠堂画像中，宴会上也出现低级宦官身份的家奴。这幅画面上中间的宦官，把一只盘子递给正在扫地的小宦官。

值得注意的是，北耳室里没有男人，筵席上也没有出现男主人和男宾客，甚至没有宦官，就连筵席上搬运坐具和围屏这些笨重物品的也全是女人。我们认为，北耳室相当于祠堂后壁画像上常见的"楼阁拜谒图"的楼上部分，这里的主人是张让的妻子。此外还应该有一个"楼下"的部分，那里才是表现男主人公，即墓主张让，和他的"拜谒者"的中心。

东耳室正对着西部的"祭坛"，那里就是神主"东向坐"的主人位置，前方摆放一条石供案，这种长条形供案在后士郭汉墓中也有发现；李德渠早年调查了解到金乡"朱鲔墓"曾挖出一张"石床"①，应该是侯览墓里的供案。神主面对的高耸的中室无疑是墓室的核心空间，可中室的墙壁和券顶都是未经处理的，这里应该是给墓主人迎宾、宴饮、拜谒预留的绘画空间。我们可以借鉴M2里的中室绘画"宴饮百戏图"想象宴会的壮观场面，这里才是"楼阁拜谒图"的中心，是整个墓室画像和壁画装饰的高潮部分。发掘报告称没有发现任何装饰绘画的痕迹，

---

① 李德渠主编：《金乡汉画》，青岛出版社 2015 年版，第 107—109 页。

正说明了这是没有完成的墓室，也就是说，打虎亭汉墓墓冢是一座没有使用过的空冢。

在南耳室东壁的最大的一幅画像上，主人张让的座驾被拆散了放在一边，他站在一旁，看五个庄客干活，院子里满是放养的孔雀、鸡鸭和自由的山羊、悠闲吃草的肥牛，这才是他理想中的生活：身在魏阙，心系田园，还是做一个富家翁比较好！但人在江湖、身不由己，他已经无法全身而退，回归田园，过一个正常人的生活成了他对来世的奢望。

还有几幅有趣的画像值得一提。北耳室的西壁上有三个女仆，她们正向室外传递像纸巾一类的琐碎的垃圾，垃圾被靠近门口的女仆接过，丢进一个陶制的狗形垃圾桶中，这件陶狗在东耳室的西壁库房图里曾经出现过，算是最早的"艺术造型垃圾桶"了。（图3-12）

图 3-12 北耳室甬道西壁

南耳室甬道东侧，画面的左边有一个猴面人牵马（图3-13），这个猴面人是西域胡人，西域产良马，胡人擅养马；西壁上的画面表现的是卸车歇马，马槽一旁拴马桩的支架上、马背上，都有几只猴子在戏耍（图3-14），大概猴子有"避马瘟"的神奇功效吧——孙悟空的艺术形象呼之欲出，令人称奇！

从制作工艺上看，打虎亭汉墓画像与侯览祠堂画像同是线

图 3-13 南耳室甬道东壁

图 3-14 南耳室西壁

图 3-15　"朱鲔石室"画像（部分）

图 3-16　打虎亭汉墓画像（部分）

雕工艺，风格最为接近。（图3-15）打虎亭汉墓人物雕凿主要采用了浅减地加细线条雕刻工艺，即先在磨光的石面上勾勒出画像处轮廓线，在轮廓线的周边用尖刀刻画出个体画像的轮廓边线，然后在边线之外的空白处，用薄刃平头凿刀凿刻掉约1毫米的空白石面，让画像部分略显凸起，使每个个体画像呈现浅减地浮雕效果。为表现个体内的细部结构，画工再用尖刀在内部刻画出细线条。（图3-16）刻线比侯览的祠堂画像更加细而浅，雕刻工匠刀法苍劲，技术娴熟，当是画工本人雕刻的，画像线条运用自如，刻画形象逼真。整个墓葬内的刻画如行云流水，没有出现跳刀、飞刀等失手重刻的现象，必是宫中顶级画工的用心之作。

　　张让的墓室画像内容与侯览石室画像有个共同之处，就是他们都没有刻画儒家经典的内容，这是由他们的身份决定的，与大多数汉画像石的做法都不同。与侯览祠堂画像相比，张让墓室画像更加奢侈，他似乎有意识地与侯览的奢侈一竞高下。他的墓祠比侯览的晚了大约10年，画像应该是灵帝晚期光和至中平年间（178—189）的作品。

笔者未能进入M2墓室内考察，故未对壁画内容作深入探究。但注意到在临摹的彩绘"宴饮乐舞百戏图"上，男主人和男侍戴着疑似宦官标志的"金珰右貂"，与"侯门宴"上的侯览、段珪冠饰略同。（图3-17）

图 3-17 宴饮乐舞百戏图部分摹本

4."常十"即"常侍"

《密县打虎亭汉墓》在"结语"中记述当地民间流行的"常十救驾"的传说：刘秀率兵攻打王莽，有一次失利败逃，躲藏在打虎亭农户常十家，常十扮作刘秀继续奔逃，王莽追赶常十，刘秀得以脱险。后刘秀为报恩，建了一座报恩庙，把打虎亭一带封为常十家族墓地。在清朝嘉庆十七年（1812）所立的《常十冢图记》的碑阴，也刻有"汉光武遭王莽难，常氏兄弟十……呼为常十冢云云"的文字。笔者注意到，在距此约40公里的嵩山少林寺，也流传着一则救驾、报恩的"十三棍僧救唐王"的相似的故事，这段故事因电影《少林寺》而闻名遐迩。

是非真假且不论，我们认为，民间传说里大都隐藏有重要的历史信息。少林寺确有"十三僧助唐"得到唐太宗封赏的碑记，证明故事里有一部分是史实。从清代流传下来的碑记和民间传说来看，墓主"常十"，当为"常侍"的音讹，实指东汉末年的"中常侍"、也就是"十常侍"之首的张让。M1即男墓主张让的墓穴——常侍冢。

M2是张让外宅的女主人，即他的妻子的墓穴。他们还算是一对"恩爱"的夫妻吧，两人结婚数十年不离不弃，相依为命，希望死后还能相守相伴。她的墓穴是与张让墓一起预作的"寿藏"，在墓室精美的壁画里，我们发现男女主人观看百戏表演，女主人装束雍容华贵，与"侯门宴"上的张让夫人相仿。在东壁中间和东耳室甬道画像上，都出现了"宝箱"，她的女仆吃力地把宝箱抬进密室，这是张让献给她的"情人的礼物"，尽管她不一定喜欢。这只宝箱是件精美的漆木器，不同于一般宾客赠送的捆扎着的大方笥，或临时性的包袱，它应该在张让外宅里真实存在过，被放在夫人目光所及的地方。现在画在了墓室中，她坐在神位上抬头就能看到宝箱，死后还要继续为张让守财。（图3-18）可惜她也不能再使用张让为她精心预备的寿藏，我们也不知道这位可怜的女人后来的结局如何。

图3-18　M2中室东壁中部壁画（局部）

张让为什么要建造这样一座规模庞大、功能配套齐全的墓园？是为了在另外一个世界里继续收受源源不断的贿赂，享受像人世间一样的荣华富贵，让他们的子子孙孙四时祭祀，感念他积攒下来的取之不尽、用之不竭的亿万家财，泽被子孙万代——至少张让是这样想的。

宦官都热衷于预作寿藏，为自己死后做准备。张让的墓穴还没有完工，还有大量的后续工程，如中室的墙壁没有装饰绘制壁画，那些大型的画像石可能只是个线描的底稿，尚需敷粉绘画或深度加工；中室西部的位置是死者的灵魂、即神主受祭的地方，应该有帷帐和漆屏等装饰物。

如果是被盗或塌陷也会遗留一些痕迹，墓室内不会空无一物。发掘者称，只在泥土里发现"极少的残破陶器和碎铁块"①，也许是工匠或盗墓者留下的；M1墓后室和北耳室的地砖被盗墓者揭去并挖掘成大深坑，使地下铺设的煤灰层都暴露出来。这一现象表明，早期进入的盗墓者发现墓室里什么也没有，感到不可思议，不甘心才试掘地下，希望有意外的收获。

仅距张让墓东北方不足5公里处，1963年又发现了同时代的后士郭汉画像墓群，发掘时3个墓室均出土大量劫余物，有陶器、石器、铁器和铜器等，还有残破的玛瑙珠、琉璃杯、漆器及其破坏后的漆皮等，数量达数百件之多②。安金槐感叹打虎亭汉墓的被盗"不是一般的被盗"。因为一般的盗掘古墓，只是将墓内随葬的贵重物品盗走，而对于墓内随葬的陶器或其他一般物品是很少盗走的。或者是把墓内的随葬陶器及一般物品进行移动或砸碎，即使这样，在墓内还应该遗留一些陶器、残陶器或其他一般器物的残片。但是在发掘的打虎亭两座汉墓内连残陶器片也很少见到，真可谓墓内的随葬品全部被盗一空。

中平六年（189），灵帝崩。中军校尉袁绍劝说大将军何进诛杀宦官以悦天下，密谋泄露，张让、赵忠等因入宫，设计先杀何

---

① 安金槐、王与刚：《密县打虎亭汉代画象石墓和壁画墓》，载《文物》1972年第10期。

② 河南省文物研究所：《密县后士郭汉画像石墓发掘报告》，载《华夏考古》1987年第2期。

进。袁绍闻何进被杀，勒兵入宫斩赵忠，捕宦官，无论少长悉数
斩之。张让等数十人劫质天子逃到黄河岸边，追兵迫急，张让等
悲哭向少帝告辞说："臣等殄灭，天下乱矣。惟陛下自爱！"然
后投河而死。宦官从此退出东汉的政治舞台，代之而起的不再是
外戚操纵傀儡皇帝，而是军阀挟天子以令诸侯……

　　张让自杀后，董卓、王允等会继续清算这个祸国殃民的罪魁
祸首，张让未完成的地面上的寿藏建筑如墓前的祠堂等，遭到摧
毁，当时有人或许考虑过如赵忠墓一样的空冢再利用，才没有
破坏墓室从而匆匆填埋了墓道。从一件残存的深浮雕斗拱画像
石看，这应该属于墓前的石祠，石祠也与侯览的石室结构相似，
但工艺更加精美细致，被毁后部分填埋进墓道。墓道还出土了
其他破碎的画像石和建筑石雕残件，发掘报告认为是工匠雕刻
坏了废弃的石材，是把填埋墓道理解成垃圾处理了。（图3-19）

图 3-19 墓道出土的斗拱残件

第二年，即初平元年（190）：

> 车驾西迁，董卓收诸富室，以罪恶诛之，没入其财
> 物，死者不可胜计；悉驱徙其余民数百万口于长安，步
> 骑驱蹙，更相蹈藉，饥饿寇掠，积尸盈路。卓自留屯毕
> 圭苑中，悉烧宫庙、官府、居家，二百里内，室屋荡尽，
> 无复鸡犬。又使吕布发诸帝陵及公卿以下冢墓，收其珍
> 宝。[①]

董卓很快迁都长安，祸及密地百姓，张让墓茔成了荒野
之地，稀有人烟，以后也少有人对长满树木的荒丘特别在意。
当地人虽然怀疑这是一座夫妻"鸳鸯墓"，但难以想象与宦官
有关。

明清以来，小说《三国演义》流行民间，当地百姓并没
有把"十常侍"与传说中的"常十"联系起来，也许在他们
的心中不愿把自己家乡的名胜，与历史上的大奸巨恶联想起
来，而是演绎出理想化的、具有道德教化意义的"救驾与报
恩"的故事。无论怎么说，经历了1800多年的风雨沧桑，打
虎亭一带的百姓口头还保留着"常十"的记忆，本身就是一
个奇迹！

---

① 〔北宋〕司马光：《资治通鉴》卷五十九，中华书局1956年版，第1912页。

附图：人物画像线描图

图 3-20-1 中室甬道中壁

图 3-20-2 中室甬道西壁

图 3-20-3 南耳室甬道西壁

图 3-20-4　南耳室南壁

图 3-20-5　南耳室东壁（北—南）

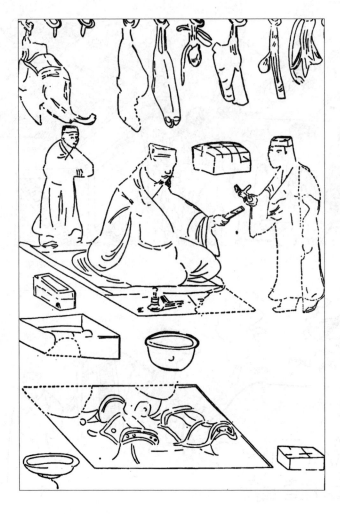

左上：图 3-20-6 南耳室北壁

中上：图 3-20-7 东耳室甬道南壁

右上：图 3-20-9　东耳室西壁

中下：图 3-20-8　东耳室甬道北壁

图 3-20-10 东耳室南壁西

图 3-20-11 东耳室南壁东

图 3-20-12　东耳室东壁

图 3-20-13　东耳室北壁东

左上：图 3-20-17 北耳室东壁南
左下：图 3-20-15 北耳室甬道东壁
右上：图 3-20-16 北耳室南壁
右下：图 3-20-14 东耳室北壁西

图 3-20-18 北耳室东壁北

图 3-20-19 北耳室北壁

图 3-20-20 北耳室西壁北

图 3-20-21 北耳室西壁南

附表：人物画像故事

墓室	原图编号	人物画像故事	人数	尺寸（高 × 宽）	位 置	本书引用编号
前室	28	父亲指导儿子向宦者跪拜，呈送礼单，求其保荐入宫	3	108cm × 94cm	甬道东壁	图 3-7
	30	张让外宅宾客盈门，家奴与拜谒者讨价还价、索要贿赂	3	112cm × 82cm	甬道西壁	图 3-6
	33	家奴抬壶、搬笥，接礼进宅	3	103cm × 155cm	东壁南	图 3-9
	35	监奴指挥搬运礼品、安排家奴扫地、上食，准备迎宾	3	104cm × 156cm	东壁北	图 3-11
	37	宾客向家奴行贿，交接礼品	4	105cm × 155cm	西壁南	图 3-8
	39	张让夫妻逗犬嬉戏，夜观名刺，查验礼单，收受贿赂	4	105cm × 155cm	西壁北	图 3-10
中室	51	侍女送食、交谈	3	82cm × 123cm	甬道东壁	图 3-20-1
	53	侍女交接食盘	3	83cm × 123cm	甬道西壁	图 3-20-2
南耳室	74	车夫演练驾驭	5	56cm × 138cm	甬道西壁	图 3-20-3
	76	猴（胡）人驯马	5	56cm × 120cm	甬道东壁	图 3-13

（续表）

墓室	原图编号	人物画像故事	人数	尺寸（高 × 宽）	位 置	本书引用编号
南耳室	78	歇车饲马，猴子戏耍	3	86cm × 266cm	西壁	图 3-14
	81	地主收租，小儿马上射雀	10	82cm × 180cm	南壁	图 3-20-4
	83 84	庄园生活：歇车、饲牛，放养山羊、孔雀、鸡鸭	6	88cm × 270cm	东壁（北—南）	图 3-20-5
	87	庄客换鞍、领赏	3	147cm × 82cm	北壁	图 3-20-6
东耳室	98	上食，儿童嬉戏	10	70cm × 78cm	甬道南壁	图 3-20-7
	100	厨内传食	1	70cm × 82cm	甬道北壁	图 3-20-8
	103	库房内检查器皿和杂物	1	92cm × 26cm	西壁	图 3-20-9
	105	造酒与藏酒	12	95cm × 120cm	南壁西	图 3-20-10
	107	切割、烹饪、炙烤肉食	12	96cm × 124cm	南壁东	图 3-20-11
	109	煮牛肉、淘米煮饭	10	90cm × 190cm	东壁	图 3-20-12
	113	杀鸡烤串、蒸食，分食、配菜、上供	8	92cm × 124cm	北壁东	图 3-20-13
	115	分酒布菜	8	90cm × 148cm	北壁西	图 3-20-14
北耳室	127	侍女传食	4	68cm × 168cm	甬道东壁	图 3-20-15
	129	侍女传递垃圾、丢弃于陶制的狗形垃圾桶内	3	66cm × 170cm	甬道西壁	图 3-12

（续表）

墓室	原图编号	人物画像故事	人数	尺寸（高×宽）	位　置	本书引用编号
北耳室	131	侍女传送物品	4	96cm×56cm	南壁	图3-20-16
	133	侍女搬运筵席坐具、围屏等	11	112cm×158cm	东壁南	图3-20-17
	135	侍女转递物品和酒	13	112cm×156cm	东壁北	图3-20-18
	143	分食、上供、熏衣	17	106cm×197cm	北壁	图3-20-19
	145	女主人宴请女宾客	11	114cm×151cm	西壁北	图3-20-20
	147	席上交谈、宴饮	13	114cm×146cm	西壁南	图3-20-21
合计			196			

　　注：本表选M1人物故事画像石30枚，信息参见河南省文物研究所编《密县打虎亭汉墓》（文物出版社1993年版）。

图片说明

彩插部分

"朱鲔石室"石屏 山东博物馆藏，侯新建拍摄

石狮 武氏祠，嘉祥县文物旅游服务中心提供

张骞 卜千秋墓壁画，顾森主编《中国汉画大图典》（以下简称《大图典》）第七卷（下），西北大学出版社 2022 年版，第 234 页

升仙图（局部） 卜千秋西汉壁画墓，韦娜著《洛阳汉墓壁画艺术》（以下简称《洛阳汉墓》），河南美术出版社 2004 年版，第 87 页

宦官燕居图 唐宫路琉璃厂东汉壁画墓，《洛阳汉墓》，第 166 页

宦官燕居图（局部） 唐宫路琉璃厂东汉壁画墓，《洛阳汉墓》，第 167 页

漆鼎 马王堆汉墓，《大图典》第七卷（上），第 178 页

羽觞 马王堆汉墓，《大图典》第七卷（上），第 176 页

漆砂砚 邗江杨庙汉墓，《大图典》第七卷（上），第 181 页

宴饮乐舞百戏图（原图部分） 打虎亭二号墓，《大图典》第七卷（下），第 117 页

侍者（一） 打虎亭二号墓，《大图典》第七卷（下），第 71 页

宴饮乐舞百戏图（摹本） 打虎亭二号墓（复制），杨明生拍摄，魏新民提供

莲花图案 打虎亭二号墓，《大图典》第七卷（下），第 357 页

侍者（二） 打虎亭二号墓，《大图典》第七卷（下），第 97 页

羽人 打虎亭二号墓，河南省文物研究所编《密县打虎亭汉墓》（以下简称《打虎亭》），文物出版社 1993 年版，彩版

几案 洛阳朱村墓室壁画，《大图典》第七卷（下），第 346 页

侍者（三） 《洛阳汉墓》，第 178 页

打虎亭汉墓墓室一角 打虎亭一号墓，作者拍摄

孝堂山祠堂内部一角 孝堂山石祠，作者拍摄

董宣 孝堂山石祠画像石，作者拍摄

黄屋左纛 打虎亭汉墓遗址出土，魏新民提供

熹平石经（残石） 河南博物院藏，作者拍摄

济宁小金石馆 作者拍摄

第一章 执法图：孝堂山祠主董宣说

图 1-1 孝堂山北壁画像摹本 山东省石刻艺术博物馆、山东省文物考古研究所编，蒋英炬、杨爱国、信立祥、吴文祺著《孝堂山石祠》（以下简称《石祠》），文物出版社 2017 年版，第 36 页

图 1-2 二千石 旧拓本，汪灏提供

图 1-3 榜题——二千石 《石祠》，第 54 页

图 1-4 大王车 （法）沙畹著、袁俊生译《华北考古记》（以下简称《考古记》），中国画报出版社 2020 年版，第 94 页

图 1-5 榜题——大王车 《石祠》，第 53 页

图 1-6 **周公辅成王**　《石祠》，图版，第 126 页

图 1-7 **击鼓图**　傅惜华、陈志农编辑，陈志农绘图，陈沛箴整理《山东汉画像石汇编》（以下简称《汇编》），山东画报出版社 2012 年版，第 17 页

图 1-8 **吹鼓车**　《汇编》，第 13 页

图 1-9 **榜题——相**　《石祠》，第 52 页

图 1-10 **榜题——令**　《石祠》，第 53 页

图 1-11 **武梁祠东壁下部**　作者拍摄

图 1-12 **孝堂山石祠东壁**　画像拓本，《石祠》，第 30 页

图 1-13 **执法图**　孝堂山石祠东壁画像第五区，作者据《石祠》临摹图处理

图 1-14 **董宣**　孝堂山石祠画像石，作者拍摄

图 1-15 **水丘岑**　孝堂山石祠画像石，作者拍摄

图 1-16 **辎车上的苍头**　孝堂山石祠画像石，作者拍摄

图 1-17 **酷吏行刑图**　东壁部分临摹图，《石祠》，第 31 页

图 1-18 **孝堂山石祠东壁部分拓本**　"孝堂山画像其一之右上细部"，《汇编》，第 5 页

图 1-19 **桎梏**　摹本，《汇编》，第 5 页

图 1-20 **酷吏行刑**　榆林市汉画像石馆藏，康兰英、朱青生主编《汉画总录 9》，广西师范大学出版社 2012 年版，第 226 页

图 1-21 **官员手执阳燧**　缪哲著《从灵光殿到武梁祠——两汉之交帝国艺术的遗影》（以下简称《从灵光殿到武梁祠》），生活·读

书·新知三联书店 2021 年版，第 249 页

图 1-22 五经博士　北京鲁迅博物馆编《鲁迅藏拓本全集——汉画像卷 I》（以下简称《鲁迅藏拓》），西泠印社出版社 2014 年版，第 165 页

图 1-23 孝堂山石祠西壁摹本　《石祠》，第 41 页

图 1-24 永元五年画像石　济宁市博物馆藏，刘丽提供

图 1-25 孝堂山石祠　20 世纪 70 年代拍摄，《石祠》，第 15 页

图 1-26 孝堂山石祠东壁摹本　《石祠》，第 31 页，汪灏标识

图 1-27 孝堂山石祠现状　作者拍摄

图 1-28 西王母圣像　作者拍摄

图 1-29 西王母（一）　山东省博物馆、山东省文物考古研究所编《山东汉画像石选集》（以下简称《选集》），齐鲁书社 1982 年版，图版九九，图 229

图 1-30 孝堂山石祠东、西两壁上部画像摹本（1 为东壁、2 为西壁）　信立祥著《汉代画像石综合研究》，文物出版社 2000 年版，第 155 页

图 1-31 西王母（二）　《选集》，图版三，图 3

图 1-32 西王母（三）　《选集》，图版一二三，图 281

图 1-33 帝阍　辛追墓帛画上守天门的帝阍，《大图典》第七卷(上)，第 68 页

图 1-34 西王母（四）　《选集》，图版八二，图 187

图 1-35 风伯　任城区汉文化博物馆藏石，高成丰提供

第二章 侯门宴："朱鲔石室"祠主侯览说

"朱鲔石室"再观察》，载《美术史研究集刊》第四十一期（2016），图 10，第 127 页

图 2-8 滕县（今滕州）龙阳店画像石　《选集》，图版一一五，图 262

图 2-9 滕县（今滕州）残画像石　《汇编》，第 114 页

图 2-10 济宁城南张（亢父故城）画像石　作者拍摄

图 2-11 微山两城山汉画像石　《选集》，图版二〇，图 41

图 2-12 沙畹所绘线描图　《考古记》，第 207 页

图 2-13 咸阳出土的佛像之一　陕西省考古研究院等《陕西咸阳成任墓地东汉家族墓发掘简报》之"金铜立佛像（M3015：10）"，载《考古与文物》2022 年第 1 期

图 2-14 董宣的"陪衬人"　《从灵光殿到武梁祠》，第 265 页

图 2-15 孔子见老子　孙峻提供

图 2-16 孔子见老子（部分）　孙峻提供

图 2-17-1 武氏祠左石室后壁下部小龛后壁画像石　阮浩拍摄

图 2-17-2 武氏祠前石室后壁下部小龛后壁画像石　阮浩拍摄

图 2-18-1 武梁祠东壁　嘉祥县文物旅游服务中心提供

图 2-18-2 处士和县功曹　武梁祠旧拓，白谦慎著、贺宏亮译《武氏祠真伪之辩——黄易及其友人的知识遗产》附录《黄小松拓武梁祠象》卷，人民美术出版社 2019 年版

图 2-19 鸡犬升天　李新中提供

图 2-20 西壁线描图　郑岩提供

图 2-41 炙烤图 李林、康兰英、赵力光编著《陕北汉代画像石》之"绥德县四十铺画像石",陕西人民出版社 1995 年版,图 330,第 104—105 页

图 2-42 上食 《鲁迅藏拓》,第 268 页

图 2-43 羽人（一） 《鲁迅藏拓》,第 270 页

图 2-44 羽人（二） 打虎亭二号墓中室顶部,《打虎亭》,彩版

图 2-45 西王母与东王公 摹本,王楚宁《江西南昌西汉海昏侯刘贺墓出土"孔子镜屏"复原研究》,载《文物》2022 年第 3 期,第 55 页图一

图 2-46 传为"曹操高陵"出画像石 河南省文物考古研究院编著《曹操高陵》图一五二,中国社会科学出版社 2016 年版,第 233 页

图 2-47-1 夺宝图（一） 《汇编》,第 73 页

图 2-47-2 夺宝图（二） 《汇编》,第 74 页

图 2-48 长沙王玺 作者拍摄

图 2-49 "蜈蛉子" 《石室》,第 134 页

图 2-50 画室署长 《鲁迅藏拓》,第 258 页

图 2-51 准备献祭 《鲁迅藏拓》,第 258 页

图 2-52 宦官燕居图 唐宫路琉璃厂东汉壁画墓,《洛阳汉墓》,第 166 页

图 2-53 宋皇后和她的"陪衬人" 《鲁迅藏拓》,第 260 页

图 2-54 饺子、炙炉 《鲁迅藏拓》,第 259 页

图 2-55 侯母和婢女 《鲁迅藏拓》,第 261 页

第三章　苞苴梦：打虎亭墓主张让说

后记：我的读图历程

武荣碑题额（济宁小金石馆藏石）　作者拍摄

后 记

我的读图历程

风移狐兔蚀，斗转女牛砌。

记得上小学时和同学结伴远游，在城东官庄一片洼地，我惊奇地看到草丛中有几块刻着图画的石头，上面有细狗撵兔，听说是村民挖出后害怕上面的"鬼画符"而丢弃的。后来看到《武氏祠汉画像石》才恍然大悟，发现文庙大殿的台阶上，天天走过的石桥、水簸箕和井栏板上都有画像，就连我家厨房的过门石上也刻着双鱼！

潜心研读汉画像石缘于对佛教初传的探索。八年前蓼河黄花盛开的季节，我步履蹒跚踏上"西域佛牙考察"之路，其间杨曾文先生鼓励和督促我收集资料编写一部"西域佛教史"。考察中我发现很多遗址和遗物并非佛教所有，佛教之前有多种宗教进入到西域，如祆教和摩尼教等，这些对我来说还是完全陌生的。佛教从来没有以一种强势的姿态独霸过西域，是历代求法僧的游记误导了我们的认知。佛教初传西域、东来中原的历史真相，还一直被厚厚的尘沙掩埋着。

在吐鲁番博物馆，当我看到阿斯塔那古墓群出土的伏羲女娲帛画时，我想起家乡武梁祠里的"古代帝王图"。佛教进入洛阳后，佛像在濯龙宫受到皇帝的祭祀，这是佛教史上的标志性事件，而那前后正是汉画像石兴盛的黄金时期。我们深信，在桓灵之际，一定有一股暗流涌动的多元文化碰撞出的新思潮，才让汉画像石和碑刻艺术达到一个前所未有的巅峰。书上找不到的历史，会不会刻画在石头上？

案上宣彝谱，床头考古图。三年前我返回老家，有时间潜入到汉画像石的深海领域。无聊的时光最适宜读图、看书、听讲座，以前我只对武梁祠一知半解，现在开始泛读汉画像、通读两汉书，精读相关论文和专译著，听美术史家的网课。乐此不疲，唯求在汉画像石研究领域里东篱采菊、一朝闻道！

后来，我开始"走读"原石。调查发现，在我生活的济宁周边半径200公里的范围内，几乎涵盖了半数以上的精品汉画像石，不出任城就能饱览丰厚的"天书"。济宁素称"汉碑半天下"，其实济宁的汉画像石也毫不逊色，其数量和质量都与汉碑相当，但相形之下，汉画像石的知名度和美誉度远不及汉碑。于是我产生了编写一部"济宁汉画像石全集"的想法，受

到中国文物保护基金
会历史文化首席专家
毛佩琦先生的赞许和
支持。

　　武梁祠和"朱
鲔石室"是济宁弥足
珍贵的汉代艺术和思
想的宝库。但长期以
来，国内的研究与国
外脱钩，即便在济宁
当地也少有人了解汉
画像石。几乎在朱锡
禄《武氏祠汉画像
石》出版的同时，巫
鸿的《武梁祠——中
国古代画像艺术的思
想性》即面世，我们
浑然不知；受到费慰
梅《汉武梁祠建筑原

武荣碑题额（济宁小金石馆藏石）

形考》的启发，蒋英炬、吴文琪重新把中断的建筑配置的复原
研究连接起来，时间过了半个世纪；费慰梅摹绘的"朱鲔石室

画像"①已经发表80多年，直到今天我们还懵懵懂懂，没有认识
到它的重要意义。这都归咎于长期缺乏学术交流和美术教育的
历史宿缘。

费慰梅研究武梁祠是从建筑结构配置做起的，她首先复原
祠堂原貌，把画像放回到祠堂最初的"整体装饰计划"②中，当
某幅画面在一个完整的建筑结构或画像程序中的特定位置得到
确定，不仅画面的文学内容，而且它在叙事程序中的"位置"
也成为图像内容的信息来源。费氏强调分散的石头和拓片是缺
失位置意义的，我们从而得到启发：祠堂设计之初，画师是有
清晰的思想表达和明确的布局考虑的，画像石既有独立性又有
整体性。这就如同一批残缺的简牍，是信息的不完整才让读简
面临"不确定"的陷阱。故研究结论往往仅仅是一种释读，而
非唯一的释读。

从绘画和雕刻风格上判断地域归属也是一种误读。例如
"朱鲔石室"画像为什么与周边画像石都格格不入，而与300多
公里以外的打虎亭汉墓画像风格相近？事实上，不同风格的画
师来自不同的社会阶层，他们的文化背景有别，视野见闻不同，
技艺高低不一，绘画雕刻风格自然有较大的差异。

---

① W. Fairbank, "A Structural Key to Han Mural Art", *Harvard Journal of Asiatic Studies* 7, 1942, no.1: pp.52-88.

② （美）巫鸿著，柳扬、岑河译：《武梁祠——中国古代画像艺术的思想性》，费慰梅所作"序"，生活·读书·新知三联书店 2015 年版，第 2 页。

　　我的关注点是，祠堂的主人是谁？原创的画像有着怎样的历史背景？在讲述什么故事？反映了画家怎样的思想感情？追寻着这些问题，我频繁出入在墓祠石室和博物馆展室中，试图从那些保存基本完好的汉画像石的小宇宙里寻找汉人的足迹、聆听汉人的声音、触碰汉人的灵魂、感受汉人的喜忧、走进汉人的精神世界，用汉人的观念观察思考汉画像祠主问题。

　　误闯聊斋壁，神游汉画中。十年前我曾登上巫山，石祠画像给我留下的印象是目不暇接，茂密如林的画面让视觉迅速沦陷，读图无从着眼。山东省石刻艺术博物馆、山东省文物考古研究所编，蒋英炬、杨爱国、信立祥、吴文祺著的《孝堂山石祠》出版后，大大方便了研读。我深入分析祠堂画像的横向共通性和纵向关联性，找出"原创作品"，厘清人物关系，逐步把疑似祠主筛选出来。我认为榜题可以对应《酷吏列传》上的"强项令"董宣，尚有"酷吏行刑图"和"执法图"可作旁证。时隔十年，我像赶考的书生惴惴不安地再上巫山，发现之前在图典上看到的"董宣"头戴介帻，而画壁"执法图"上的董宣却冠饰金博山，顿时豁然开朗！

　　《梦溪笔谈》上记载"济州金乡县发一古冢"，所谓的"古冢"实指"朱鲔石室"。石室的11屏人物画像石，早年被调拨到山东省石刻艺术博物馆，剩下的没有人物画像的石构件和地下墓石，被附近的村民挖出再利用，流失殆尽。最后的文明印记正在消逝，我能做的只是留住记忆，把这件伟大的艺术作品推荐给乡人看、讲给孩子们听。我相信总有一天它会大放异彩，人们会还它一个在"中国美术史"上应有的地位。

费慰梅先生曾感叹不了解整个"剧中人物表"，我的研究最初的目的，就是拿出一份"剧中人物表"，致敬她在90年前对我们家乡的汉代伟大艺术成就的慧眼独具，和她作出的前无古人的学术贡献。读了郑岩的《视觉的盛宴——"朱鲔石室"再观察》方知后有来者，郑岩得知我在做"朱鲔石室"的研究，欣然赠送线描大图。吾道不孤，深感欣慰！

研读"朱鲔石室"画像，最大的难度是没有可靠的文字榜题和题记，学者大都因此望而却步，或浅尝辄止。鲁迅先生就曾怀疑是晋人作品①；巫鸿在研究屏风画和透视法时曾提到，但没有探讨画像人物及其内容；尹吉男在东汉石祠建筑与画像的长期研究中，都没有触碰到"朱鲔石室"②；郑岩把"盛宴"推向一个艺术研究的新高度，但也没有展开对历史人物与历史事件的深入探究。

我想，这幢虽然消失已久、信息保存却基本完整的石室画像，所反映的历史原型并非不可触及，不妨从观察分析图像本身入手。我把线描图贴在墙上反复观摩，发现了与"鸿门宴"

---

① 鲁迅：《鲁迅全集·书信》第十二卷，编号340306"致姚克"，人民文学出版社1981年版，第349页。

② 尹吉男：《知识生成的图像史》，生活·读书·新知三联书店2022年版，第169—191页。

相似的尊卑座次，确定了中心坐标点，又在众多目光交织的"视觉网络"中，找到了"陪衬人"和"拜谒人"这两组人群之间的关系互动规律。再观察其中的每一个人物，原来他们都有微妙而细腻的个人站位。

小皇帝和他的母亲率领的"河间帮"初到京师，他们集体出动，显得谨小慎微；祠主侯览与祖先侯霸在宴席上的遥相呼应，证实这确是一堂名副其实的"侯门宴"；侯览的加官佩绶，张让紧握右拳，掩饰不住内心的妒忌；董太后看待两位未来的皇后儿媳，亲疏好恶的态度已有明确的意向表达；程夫人躲在一个角落里观摩前辈赵娆，寻找自己的角色；还有举止嚣张的侯母、性情乖僻的侯夫人、贪恋富贵的"螟蛉子"、为虎作伥的朱并和忧心忡忡的段珪等，每个人物都刻画得惟妙惟肖；有一双犀利的眼睛在屏风后观察着宴会上的人群，他就是这幅伟大作品的创作者"画室署长"的自画像。全堂100多人的盛宴，不过是围绕着三四个重点人物展开的。我们看到舞台上扮演的各路角色纷纷登场，呼之欲出。对于他们所演绎的"前三国"时代的故事，我们大多耳熟能详。

画像上出现的动物和器物大都被赋予了深刻的寓意，或是一种暗示，或是一个预言，它们与人物之间的配置关系"巧合"得不可思议。如火燧镜、莲花瓿、苇方筥、珊瑚树、漆砚盒、兕觥、波斯猫和白貂等，当观者看到这些东西，自然会反复琢磨、细细品味"物与人"的关系。

　　佛教的兴起，宦官所起的作用不容忽视。佛教最初立足中国，以被皇帝接纳为标志。濯龙宫里奉佛，一定存在某些具足的因缘：一位梵汉兼修的高僧和他率领的多才多艺的僧团、一套契合本土固有传统和多元信仰的说教，以及一群虔诚供养僧团的"高端"信众。时间在延熹前后，当事人即汉桓帝和安世高，而联系二者的中间人，主要是"高端信众"的中常侍左悺、管霸、王甫、侯览和"十常侍"等人。他们是物质财富的掠夺者、大富豪，同时是精神生活的乞讨者、可怜虫；他们乐意接受佛教，买得起通往"来世"的入场券——此后的历代宦官都热衷于捐寺斋僧；他们是皇帝肚子里的蛔虫，在政权顶层设计中起着至关重要的作用，是一股幕后操纵历史走向的强大势力！

　　世族尊儒术，宦官崇释道。安世高率领庞大的僧团进入洛阳后，只有依靠大宦官源源不断的财力供养，才有可能安居洛阳译经布道；党人遭打压禁锢，大宦官有机会引领安世高夹带佛像进入濯龙宫；灵帝崩逝后宦官全部被杀，安世高失去了大宦官的供养和庇护，董卓、王允清算宦官余党，僧团遭到了破坏，安玄弃官南逃，支娄迦谶"不知所终"。安世高以九十高龄被迫离开洛阳，而此时关陇兵起，所谓"避祸江南"或是想从海上归国。——佛教在东汉的星星之火，最终没有形成燎原之势！

　　从汉画像石上看到的"佛教图像"大多似是而非，那其实就是佛教在东汉本来的面貌。如连云港孔望山摩崖画像，学者们探讨了数十年莫衷一是，但它确有佛教的造像元素则是无可争议的，反映了佛教最初的传播，是融入黄老神仙、巫祝道术的应机法门，"老子化佛""黄老即浮屠"是那个时代的共识，这符合历史事实。

研读期间，我常与同道师友交流心得，受到过不少的质疑和批评，使我战战兢兢、如履薄冰。每个人物、动物和器物我都反复检索文献，多方求证。每每陷入某个不确定的困境，一放十多天，怅然若失；时而半夜灵光一闪，恂恂而起打开电脑……就这样，我前后用了一年多的时间完成了"侯门宴"的研读，又整理出打虎亭汉墓的读图和考察笔记，初步编成这部专题研读汉画像石墓祠主人的书稿。自知错误还有不少，特别是对"侯门夜宴图"的研读，我诚恳地接受批评意见。

鲁迅先生是近现代汉画像石研究的开拓者。他发现"朱鲔石室"画像与一般汉画像石不同，虽存拓片不少，还在托朋友"补收"以作深入研究。他曾计划选择部分精拓付印，以期引起文艺界的重视，让版画艺术家有所借鉴，鲁迅先生自己就常用汉画像元素设计书籍的封面和插图，他已敏锐地洞察到汉画像石不可估量的创新价值。他说"我已确切的相信：将来的光明，必将证明我们不但是文艺上的遗产的保护者，而且也是开拓者和建设者"①。今天的我们，仍然是遗产的保护者和建设者。

---

① 鲁迅：《〈引玉集〉后记》，见《鲁迅全集》第七卷《集外集拾遗》，人民文学出版社 1981 年版，第 419 页。

值此出版之际，著名文化学者毛佩琦先生寄语本书："汪海波的《侯门宴——汉画像石祠主研究》——一个酷吏和两个宦官的图像史，实在是一部解读汉画像难得的好书！它带你走进大汉时代，走进汉人的生活之中。冰冷石头上的刻画，在作者的笔下鲜活起来，有生动的故事，有鲜明的形象。重要的，他还为你解读了那段尘封的历史。是的，自郦道元、赵明诚以来中外学者都未能破解的千年之谜，作者以老吏断狱般的缜密论证为之揭开了面纱。孝堂山石祠、'朱鲔石室'和打虎亭汉墓的墓祠主人一个个走到了你的面前。这是作者以衣带渐宽终不悔的不懈努力把他们找回来的。作者开拓了一条解读汉画像的新路径。通过这条路径，可以更加深入汉画像的神秘堂奥，通过这条路径也必将会使我们对大汉历史有新的认知。"

汪海波于任城左
2023 年冬节